直播带货

淘宝天猫直播从新手到高手

戚研 ———— 著

民主与建设出版社

·北京·

© 民主与建设出版社，2020

图书在版编目（CIP）数据

直播带货：淘宝、天猫直播从新手到高手 / 戚研著
. -- 北京：民主与建设出版社，2020.7
ISBN 978-7-5139-3067-3

Ⅰ . ①直… Ⅱ . ①戚… Ⅲ . ①网络营销 Ⅳ .
① F713.365.2

中国版本图书馆 CIP 数据核字 (2020) 第 095020 号

直播带货 ： 淘宝、天猫直播从新手到高手
ZHIBO DAIHUO TAOBAO TIANMAO ZHIBO CONG XINSHOU DAO GAOSHOU

著　　者	戚　研	
责任编辑	吴优优	
装帧设计	尧丽设计	
出版发行	民主与建设出版社有限责任公司	
电　　话	（010）59417747　59419778	
社　　址	北京市海淀区西三环中路 10 号望海楼 E 座 7 层	
邮　　编	100142	
印　　刷	大厂回族自治县彩虹印刷有限公司	
版　　次	2020 年 8 月第 1 版	
印　　次	2020 年 8 月第 1 次印刷	
开　　本	710mm×1000mm　1/16	
印　　张	13	
字　　数	166 千字	
书　　号	ISBN 978-7-5139-3067-3	
定　　价	55.00 元	

注：如有印、装质量问题，请与出版社联系。

直播带货成为当下电商的新玩法，众多资本纷纷涌入，除了抖音、快手等短视频App以外，淘宝、京东、拼多多等电商平台也加入其中。甚至于阿里巴巴集团创始人马云都曾在"双11"当天亲自下场，与知名主播李佳琦进行了一场直播卖口红的比赛。一时间，直播带货成为网络热词。人们不禁要问：为什么直播带货会有如此大的魅力？

首先，直播带货成功地改变了电商销售的格局。曾几何时，网购的出现给传统的购物模式带来了翻天覆地的变化，它让购物更便捷，让比价更方便，让物流更畅通。但是随着时间的推移，电商的数量越来越多，竞争也越来越激烈，为了让店铺出现在首页，商家不得不付出大量的成本去获得流量，同时，中小型电商由于缺少资金，无法与大品牌进行竞争和抗衡。

在传统推广方式很难获得足够红利的当下，直播带货成了帮助中小型电商顺利实现弯道超车的工具。根据阿里巴巴公布的数据，仅在2019年11月11日，淘宝直播带来的成交额就接近200亿元，占天猫"双11"总成交额的7%，其中有十多位主播的带货金额超过1亿元。毫无疑问，直播赋予了电商更多的可能性。

其次，直播带货提供了一种崭新的营销模式。过去，电商卖货的主要方式是用图片和文字展示，偶尔有少量视频。图文结合的方式过于抽象，很难让消费者对商品有全面的了解。为了满足看得见、摸得着的需求，很多消费者宁愿去线下的实体店亲自感受商品的细节。

直播最大的优势，就是让消费者融入购物场景中，主播用自己的描述和展示，为消费者提供了更直观、全面的服务，品牌方也换了一种方式和消费者进行对话。如今消费者有了更多的选择，他们聚集在直播间里，观看主播细致入微的讲解，同时在评论里询问自己关心的问题。从这一点来看，直播带货营销不仅可以在垂直细分领域下精准定位用户，帮助实现精准营销，还具有实时互动性，能够增强消费者的参与感和信任度。

最后，直播带货为普通人提供了更多的可能性。李佳琦、薇娅等头部主播只需在网络上出现几十秒，就能迅速创造销售奇迹。李佳琦直播5分钟，卖掉15 000支口红；薇娅直播2小时，带货2.67亿元。他们的成功，被许多人当作行业标杆，如今各大电商平台上出现了无数位带货主播，他们都想凭借自己的努力，早日走上致富之路。

本书以电商直播带货为核心，从直播概念、直播准备、IP打造、文案设计、视频拍摄、粉丝互动、平台引流、流量变现等角度出发，全面讲解直播带货过程中要面对的各种问题，帮助读者更好地理解直播带货营销，并使他们在实践中获益。

目 录
CONTENTS

第一章
直播带货，开启营销新风口

在互联网高速运转的社会环境中，直播带货以势不可挡的形势迅猛发展，一个又一个普通人化身主播，创造了迅速致富的新神话。那么，知名带货主播是如何让用户买买买的呢？直播带货如火如荼，我们该如何抓住这波互联网营销的新风口呢？

电商直播，开启超级带货模式

当下的商业社会，直播带货已经成为一种新的销售模式，在互联网上掀起了一阵热潮。来自全国各地的主播们在网上与观众互动，为他们提供专属的购物指南，并且答疑解惑。直播不仅创造了新的经济增长模式，也为更多的普通人搭起了创业的桥梁。

电商直播引领新消费时代

当下电商的最新玩法非直播莫属。主播们只需在直播间直播很短的时间，就可能迅速创造销售奇迹。例如，李佳琦直播5分钟，卖掉15 000支口红；薇娅直播2小时，带货2.67亿元。毫无疑问，直播赋予了电商更多的可能性。

在直播带货营销中，其中一个非常明显的特征就是去明星化，尽管也有明星下场，但是直播的主力人群仍然是普通人。在2019年淘宝"双11"直播热度排行榜中，排名靠前的都是各自领域内的专业带货人士。

2019年淘宝"双11"直播热度排行榜（单位：万）

主播	热度
薇娅viya	45433
李佳琦Austin	34920
陈洁kiki	5056
水冰月Sailor Moon	2578
烈儿宝贝	1701
虫虫Chonny	1612
祖艾妈	866
小奶牛欧洲购	799

（横轴：0 5000 10000 15000 20000 25000 30000 35000 40000 45000 50000）

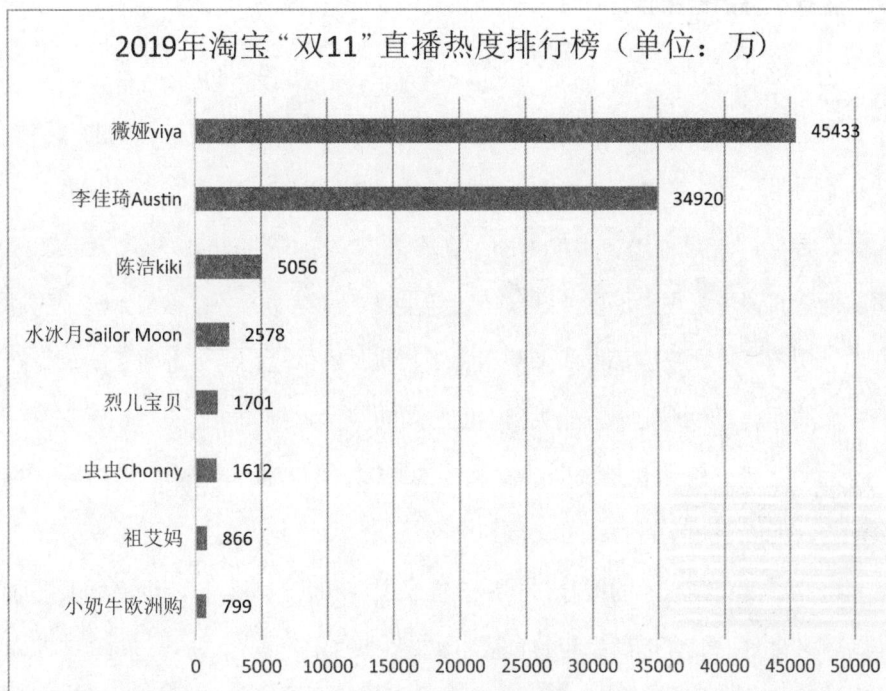

图1-1 直播热度榜单

数据来源：淘宝直播（热度主要参考新粉关注、商品引导加购、预售成交、导购成交等指标）。

这些主播们的成功经验，让很多人看到了更多的可能性，因此人们纷纷跟进，投入直播的大军中。据统计，2019年天猫"双11"当天，超过50%的淘宝商家参与直播，带动200亿元成交额，其中甚至包括2万名农民、40位县长，他们大多数并不是重度网络使用者，但是这并不能阻挡他们变身"主播"，为家乡的厂家带货。

为什么直播带货会火

为什么直播带货会突然之间火爆网络？有需求就有生意，内容创造了需求，而直播则是电商推动营销的一种必然手段。直播带货作为一种新的营销方式，它看重的是主播的个人魅力，通过主播来吸引用户，让他们自愿购买。

在传统广告营销里，用户大多是在看故事，包括厂家的故事和产品的故事。而在直播中，用户不仅能看，还能与主播实时互动，亲自参与到营销的过程中。用户一方面能够获得线下营销直观、实时的体验，另一方面又能享受网络带来的便捷，足不出户就能买到自己心仪的产品。

除此之外，价格也是一个非常重要的原因。一方面，主播们利用自己的影响力，能够跟厂家进行议价，拿到全网最低价，借此吸引用户。另一方面，随着电商平台获客成本的提升，利用直播来引流和解说产品，能够降低获客成本，这又会吸引很多电商参与到直播中。

直播营销的效率高，能够满足不同用户的个性化需求，这是直播营销的第三个优势。直播带货的本质是快速激发用户的购买欲，根据消费者需求的变化来随时改变。一旦慢下来，用户的冲动消费往往就会被消磨。而电商主播摆脱了以往的销售模式，他们推销的产品几乎每天都在变，以此吸引不同的用户，这让他们可以拥有更高的销售效率。他们为用户提供了多种多样的商品，让一部分有选择困难症的消费者减少了选购时间，同时也刺激了消费者跟风抢购的心理。

淘宝直播带货发展史

直播营销并不是突然之间才出现的，实际上它经历了一个漫长的发展过程。就以淘宝为例，2015年"双11"过后，淘宝网内部将针对淘宝直播的研发提上日程，并且很快推出了内部测试版本。几个月后，产品上线，进入试运营阶段。

2016年3月29日，淘宝网召开年度卖家大会，阿里巴巴集团CEO张勇在会上宣布，淘宝未来的三大方向将是社区化、内容化和本地生活化。

2018年，淘宝直播平台带货超过1000亿元，同比增速近400%，81位主播年收入超过1亿元。

2019年，淘宝直播大火。淘宝总裁蒋凡说："淘宝直播成为2019年'双11'的全新增长点。参与天猫'双11'的商家中，有超过50%都通过直播获得了增长。数据显示，天猫'双11'全天，淘宝直播带来的成交接近200亿，超过10个直播间引导成交过亿。"

如今，淘宝为商家提供了多样的商家运营阵地，把直播变成了最具商业价值的玩法。

人、货、场的新型模式

曾几何时，电商作为一种新型的商业模式，创造了无数个商业奇迹，为许多人提供了一条新的致富之路。但是随着时间的推移，电商的经营也逐渐出现困境。电商在带来便利的同时，也让很多人感慨生意难做，不仅线下实体店的经营成本在增加，而且线上平台的运营成本也在飙涨。如果没有足够的实力，是很难在竞争激烈的电商红海中站稳脚跟的。作为一个普通的商家，要想杀出一条血路，需要付出的艰辛可能会远远超出你的想象。

商家经常面临打价格战的困境，通过促销活动拉升销量，此外还要付给平台不菲的推广费，这样就会导致运营成本上升，难以实现盈利。

对于消费者而言，购物的体验也遇到了瓶颈。电商平台上的商品种类太多，同质化太严重，容易让消费者挑花眼，这会使消费者的购买欲望降低，对商家的促销活动产生疲劳感。

直播为电商带来了新的营销体验，但是从根本上来说，它仍然没有脱离营销的范畴，核心主体仍然聚焦在人、货、场。下面我们就从人、货、场三个方面，对直播带货营销进行分析。

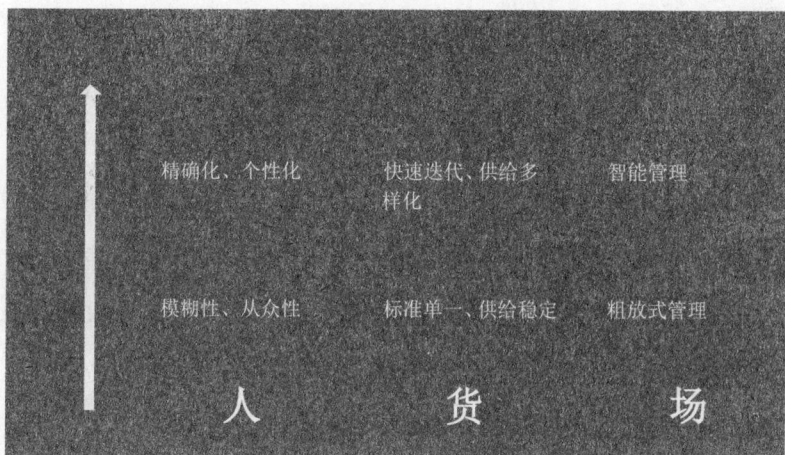

图1-2　人、货、场的发展变化

人：从商家主导变成消费者主导

在以往的商业模式中，消费者和商家之间缺乏沟通，商家凭借自己的观察和经验，把相关的商品投放到店铺内，至于产品能否满足消费者的需求，要等很长时间才能确认。自从直播出现之后，这种模式被打开了一个缺口。

随着技术的发展，这些问题在直播的浪潮出现以后，就有了新的解决方法。电商们通过直播发现了一种新的营销场景——边直播边销售。直播带货帮助电商完成了从"货与人"向"人与人"的转变。通过手机直播App，主播们可以向消费者讲解产品，获得用户的信任，进而提升商品的曝光率和销售量。

在直播营销中，主播只是充当一个带货的媒介，他们本身就是一个渠道。他们的目的就是带货，所以最重要的因素是能否满足消费者的需求，至于才艺展示、颜值高低，则是次要因素。

在这种营销模式下，消费者占据了绝对的主导地位，只有赢得消费者的喜爱，积累庞大的粉丝群体，主播才有可能成功。消费者想要全网最低价，同时又必须是正品，这就迫使供应链所有的升级都要朝着这个方向努力。而主播也可以轻松掌握消费者的需求，不断提升自己的带货水平。

货：从标准化产品变成个性化定制

在人、货、场三个要素中，货仅次于人。只有将商品送到消费者手中，这单生意才算成功。很多新手主播虽然能够在短时间内获得很高的流量，但是他们没有稳定的货源，无法解决供应链的问题，最终还是难逃失败的结局。所以，一个好的供应链能在保证流量的基础上实现最大限度的盈利。

直播带货的关键就在于"带货"两个字，你必须用产品打动消费者。如果是劣质产品，或者货源不充足，就会导致消费者流失。

头部主播的数量很少，但是他们占据了大多数流量，拥有庞大的粉丝群体，因此他们也拥有极强的议价能力。他们直播的商品，通常都会给出不错的折扣。

除了这些在直播榜单中占据前列的头部主播之外，剩下的大多数都可以归为腰部主播。他们的货品比较繁杂，折扣力度或许比不上头部主播，但是胜在选择性更多，能够为消费者提供更多的选择。

场：从卖场升级到场景

在直播营销中，打造销售场景也是非常重要的。主播通常在直播间内进行推销，产品的展现方式，在很大程度上影响着成交量。

由于成本限制以及平台流量分配等原因，很多直播间无法使用高清设备直播，他们只能完全依靠手机，画面经常出现模糊的现象，偶尔还会掉线，严重影响购物体验。因此，直播间的设置也很重要。通常我们可以从直播设备、灯光、场景搭建等方面入手，使直播间不仅仅是一个大卖场，更是一个能够让客户身临其境的场景。

临场感：直播消费心理分析

为什么电商直播会受到那么多人的青睐？其中一个非常重要的原因是临场感。和传统的图文广告相比，电商直播更贴近消费者的真实生活，双方能够实时互动，就像在面对面交流一样，因此能够更加直观地了解产品。

边看边买的新生活方式

从某些方面来说，电商直播和电视销售广告具有相似之处。通常，中老年人对电视购物更感兴趣，他们听促销员滔滔不绝地宣讲，买回了不粘锅、豆浆机、老人鞋等产品。而年轻人则是电商直播的主要受众。其中的原因在于，移动互联网使得电商购物更加便利，再加上消费升级的需求，以及主播们对年轻人消费心理的了解，使电商直播购物在短时间内兴起，从以前的"人找货"，变成现在的"货找人"。

以前，电商宣传商品的主要方式是图片和文字，偶尔配上广告宣传类的视频，这让消费者产生了审美疲劳，很难激起他们的消费欲望。而电商直播则是从一个新的角度和消费者进行对话。例如，在某直播间，主播会一边拿着护肤品，一边对观众讲解护肤小技巧，以及介绍产品的独特之处，这能让消费者了解到更多自己感兴趣的信息。

图1-3　直播中的美妆博主

再比如，一个人想要买咖啡，于是上网搜索，他先看到的是图文广告，接着又看到了一场推销咖啡的直播。毫无疑问，直播能让他更直观地了解咖啡。主播用热水冲泡咖啡，同时说出自己的感受，如浓郁的香味、清香、淡淡的奶香味等，都会给消费者留下极为直观的印象，这就是临场感。

淘宝直播负责人赵圆圆在一场演讲中说，电商可以分为昨天的电商、今天的电商、明天的电商。其中，昨天的电商是通过电脑、网站等途径进行促销抢购，它瞄准的是消费者的刚需，所以经常出现打价格战的情况；而今天的电商是通过App、小程序等途径，与观众进行娱乐互动，从促销变成了"种草"；而明天的电商，一定会使用更多的新工具，例如VR、AR等交互设备，提升消费者的深度沉浸感。

直播提供了更丰富的信息

消费者在做出购买决定之前，一定会参考各种各样的信息，包括价格、尺寸、颜色、使用体验等，这些都会对消费者产生重要影响。因此，消费者获取信息的速度越快，做决定的速度也就越快。这就是消费者做出购买决定的逻辑。用更有效的方法，在同样的时间内向消费者传递更丰富的信息，成为商家的一项必修课。

以往在网上购物时，我们都是通过阅读文字和图片来对产品进行判断，我们能够看到的信息非常有限，因为商家只会把商品最重要的卖点列出来，我们希望关注的信息，商家未必能够解答。而在观看直播的过程中，我们的视觉和听觉都在接收信息，更重要的是这是一场实时互动，我们可以轻松获得自己想要了解的信息，同时还不会觉得无聊。比如一部手机，主播可以360度来展示让你可以看到屏幕的样子，操作是否流畅，或者告诉你手感如何……

图1-4　实时互动让观众了解更多信息

临场感促成从众消费

另外，临场感也会促使观众进行从众消费。从众消费是指人们在参考别人的行为时，很容易做出相同的举动，也就是我们常说的随大流。我们在生活中常见的销量排行榜、用户评价等，都会对消费者产生一定的影响，从而促使他们做出从众消费的举动。

在观看直播的过程中，主播的推荐、观众发出的实时评论、直播间的氛围、快速减少的货物数量等，都会激起观众的购买情绪，使他们更容易有积极态度及购买冲动，形成从众消费。所以电商直播本质上也是一种沉浸式的体验，也说明了为什么越来越多的人在观看直播的时候总是管不住自己，忍不住购物。

直播带货的独特优势

消费模式的升级，以及互联网技术的进步，使得直播带货在移动互联网上出现井喷。作为一种新的销售模式，直播带货营销相比传统的营销模式具有很多独特的优势，这也正是直播带货日渐火爆的真正原因。直播带货的优势主要表现在以下几点。

十分低廉的营销成本

任何一场营销活动都需要成本，包括时间成本、资金成本等。随着竞争的日益激烈，传统的营销方式成本越来越高，楼宇广告、车体广告、电视广告等几乎与小企业绝缘，然而网络上的店铺大多是小型店铺，他们负担不起这样的营销成本，只能选择其他方式。互联网的发展，为他们创造了多种多样的营销渠道，例如微博营销、微信推广、头条推广等，这些推广方式对内容的要求比较高，但是成本大多比较低。直播营销也是如此，直播营销对场地、物料等需求较少，只需一些简单的设备，再连上网络，就可以进行直播。

此外，获客成本也在降低。根据Quest Mobile报告显示，"90后""00后"成为移动购物行业的核心群体，占比超四成，他们的购物欲望强烈，容易受到诱导，产生冲动消费，线上消费明显高于其他年龄段的人。尤其是年轻的女性消费者，她们在美妆、服装等领域更容易受到意见领袖的引导。

能够及时满足用户的需求

《奇葩说》的主持人李诞在一期节目中说，人类的发展史是一个压抑欲望的过程，也就是延迟满足。但是在互联网上，人们追求的大多是即时满足。在网上浏览商品时，人们越来越倾向于即时满足替代延迟满足，于是我们会发现这些网红主播们每天都会更新产品，根据消费者的需求随时改变，以便快速激发用户的购买欲。如果他们不这样做，用户的冲动消费往往就会被消磨。

这正是直播带货的优势之一，从直播到下单，再到送货上门，能够一站式满足消费者的需求。受此影响，电商平台也在做出改变，出现了C2M（反向定制）的工厂电商模式，厂家直接与直播用户进行交流，打出"厂家直卖"的旗帜，尽可能地吸引消费者。

营销反馈更有效

在直播的过程中，主播的讲解通常更有针对性，能够把重点集中在呈现产品的价值上。面对成千上万的观众，主播必须选择更真实的产品展现形式，只有这样才能增加粉丝的信任度。由于直播是双向的，观众也可以通过弹幕和评论与主播进行互动，这种营销反馈是即时的，便于主播及时进行修正。

主播就像一道桥梁，在观众和商家之间起到了连接的作用。对于观众，主播的作用是为他们推荐值得信赖的商品，让他们获得良好的购物体验。而对于商家，主播的作用则是帮助他们获得粉丝的信任，从而提升产品的销量及品牌的知名度。

电商直播带货五步流程法

开展一场直播，背后需要解决复杂的工作，从前期的分析，到直播前的准备，再到直播过程中的应对、后台的操作，以及进货、发货等。如何才能应对这些繁杂的工作呢？总结起来，可以细分为五个步骤：事前分析、筹划准备、事中控制、后端处理、事后总结。

事前分析　　筹划准备　　事中控制　　后端处理　　事后总结

图1-5　电商直播五步流程

第一步：事前分析

在开展直播之前，我们首先要进行充分的讨论，厘清思路，然后有针对性地制订并执行计划。这一步非常重要。俗话说："运筹帷幄之中，决胜千里之外。"如果前期没有做这项工作，就很难让直播之路走得顺畅。

通常来说，事前分析工作主要围绕直播目的、直播方式和直播策略三块内容来进行。

01 直播目的
直播只是一种营销手段，根本目的是获得流量，提升产品销量。

02 直播方式
综合考虑多种因素，例如产品特色、目标用户等，选择适合自己的直播方式，如专业设备直播、拉流直播、列表直播、摄像头直播、手机直播等。

03 直播策略
包括打赏和广告、和观众互动等。

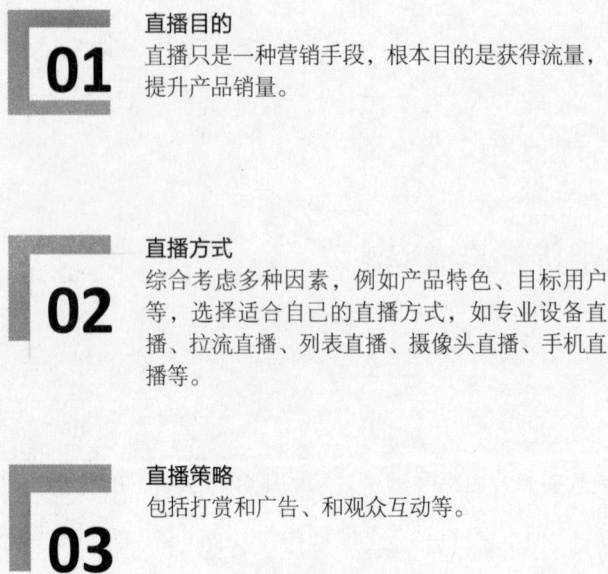

图1-6　直播前的分析工作

第二步：筹划准备

确定了直播目的、直播方式和直播策略之后，接下来要做的就是筹划和准备。一场成功的直播营销需要预先准备。

筹划准备主要包括两方面的工作。

（1）撰写直播营销方案。仅这一步，就包含了很多工作内容。例如：

01	02	03	04	05
市场现状分析	营销目标分解	营销执行策略	估算营销费用	其他管理措施

图1-7　直播营销的方案

（2）软硬件调试。手机和电脑都可以用来直播，二者各有优缺点。手机直播更方便，电脑直播效果好，二者需要的设备也不一样。电商直播通常使用手机直播，在直播之前，要将它们全部都调试到位。

第三步：事中控制

直播正式开始以后，主播和工作人员需要迅速进入状态，处理好直播中遇到的每一个问题。现实生活中，每个主播都会遇到各种各样的问题，即便是头部主播也不例外。作为一个新手主播，要做好心理准备，实时跟进直播间的状况，做好直播间的维护，活跃直播氛围，一旦直播的氛围不对，要马上协助主播或者粉丝解决问题，提升直播体验。

第四步：后端处理

在整个直播营销中，主播所做的工作其实只占很小的比例，在直播的背后还有无数个忙碌的身影，他们也是直播团队的一部分。例如，在直播结束后，新媒体运营团队需要将直播过程中用到的文字、图片、视频等内容继续传播，以录播的形式推送给那些没有及时参与直播的用户，从而让直播的效果最大化。

第五步：事后总结

直播活动结束后，电商还要对整个活动过程进行复盘，从而梳理直播的整个流程，看看是否达到了预期的效果，以及直播中出现的各种问题，为下次的活动提供经验。此外，直播团队还要撰写活动总结报告，记录整个活动，统计直播后台的详细数据，以便优化直播活动过程。

选择合适的直播模式

由于每个人的条件不同，因此在开展直播时，势必会选择不同的直播模式。如果没有自己的店铺，却对某个专业领域比较了解，就可以变身达人，推广各个品牌的产品。如果有自己的店铺，就可以专门直播自家店铺的产品。总的来说，常见的直播模式主要有以下几种。

达人直播模式

这是淘宝直播中一种十分火热的模式，也是一种门槛较低的模式。很多人都希望成为淘宝直播达人，快速获得观众的认可，然后帮助淘宝店铺推广商品，通过赚取佣金的方式走上致富之路。当消费者通过主播的推荐购买了商品以后，主播就可以获得相应的佣金。

这种模式要求主播在某个领域拥有非常深厚的专业知识及丰富的从业经验，这样才能为粉丝提供专业的建议。通过这种模式获得的粉丝，通常对主播具有极高的信任度，因此转化率很高。在这种模式下，主播的收益主要来自"坑位费"和销售返佣，薇娅、李佳琦、李湘等主播都属于这种模式。

店铺直播模式

如果你有自己的网店，希望用直播来提高店铺的人气和销量，那么不妨采用店铺直播模式。你可以向观众一一介绍店铺内的在售产品，或者事先与观众沟通，问他们希望看哪一款，主播就优先介绍哪一款。

这种模式的特点非常明显，它的针对性非常强，网店通常都会有专门的分类，例如食品、男装、美妆等，在直播时可以显得比较专业，同时辨识度很高，容易吸引对这些分类感兴趣的用户。但是缺点也很明显，由于直播的商品有限，所以只能吸引一部分用户，而且直播间的氛围通常会比达人直播更差一些，这成为店铺直播模式中应该重点优化的地方。

基地走播模式

基地走播，顾名思义就是在商品的供应基地进行直播，向观众直接展示工厂的实景。如果你对供应链比较熟悉，并且有一定的人脉资源，就可以采用这种模式。通常，直播团队需要提前到达供应基地，一边搭设直播场景，一边挑选直播商品。这样做的好处有很多：第一，更容易与厂家沟通，拿到超低的价格；第二，货源有保证，不至于出现无货可发的尴尬局面；第三，基地通常会在直播中大力协助主播，减少了主播团队的工作量。

一些主播选择在农村开播，直播售卖土特产，例如土鸡、土鸡蛋、腊肉、苹果、橘子等，突出自产自销或产地直销的特点，非常容易获得观众的喜爱，这种模式同样可以归属于基地走播模式。

海外代购模式

海外代购也很受喜爱。因为海外代购能够帮助用户买到国内稀缺的产品。但是海外代购也有自己的缺点，其中一个缺点就是不透明性，用户通常对产品不够熟悉，担心自己会买到假冒伪劣产品。将海外代购搬上直播，可以完美地解决这个难题。通过直播，用户可以看到主播身边的环境，即使远隔重洋，也能在线挑选商品。这种模式很适合价格高昂的产品，如奢侈品、奶粉、美妆等产品，经常出现高性价比产品被卖到断货的情况。

直播间定制模式

通常，主播们都是先联系有库存的商家，然后再将产品推荐给用户。直播间定制模式则相反，主播需要先征集用户的需求和想法，然后采用ODM（原设计制造商）或OEM（原设备生产商）的方式，与供货工厂合作，推出特别定制版的款式。这种模式的操作难度较高，风险也比较大，所以对主播的要求较高。

抢拍模式

抢拍是一种特殊的营销模式，它的特点是货品数量有限，往往选择的产品款式比较多，但是尺码不全，于是造成供不应求的现象。在这种模式下，主播通常会拿出一些特殊的产品，例如限款限量版或者库存清仓等，让观众在直播间内输入弹幕或留言，然后主播抽取幸运观众，向他们发放专属购买号码。在这种模式下，购物氛围比较好，主播与用户之间的互动性比较强。

秒杀模式

秒杀模式是电商网站常用的营销方式，而在直播营销中，需要主播亲自和品牌商沟通协调，因此比较考验直播团队的实力，不是所有主播都能找到大品牌合作，在直播间开启秒杀模式的。这种模式很容易形成马太效应，主播的带货能力越强，就越受品牌方的青睐，拿到的折扣也就越低。

专注于垂直领域的内容

收获一大批粉丝，直播间被推送到主页，订单接到手软，这是很多主播做梦都想达到的效果。直播营销可以让人在短时间内迅速致富，但是想要成功却没那么容易，首先我们要有一个清晰的方向。对于一个新人来说，专注于垂直领域，不失为一个好方法。

什么叫垂直领域

简单来说，垂直是指纵向延伸，把一个商品大类细分成一个个具体的小类。细分则是在垂直行业板块里，再挑选主要的业务深度发展。例如，百货是一个商品大类，可以细分为防护用品、餐具、盆栽等，做垂直领域，意思就是专注于某一个小类。

图1-8　拼多多的垂直分类

为什么要做垂直领域

垂直领域最大的优点就是构建自己的核心竞争力,从而避免同质化,这会让你的直播更专业化,也能最大限度地避免像全域性主播那样追求大而全,从而减少工作量。做垂直领域内容的主播,通常只需直播自己所熟悉的领域,这样一来,其所接触的产品种类就比较具体,能够很快熟知各个品牌的特色。于是在直播时,可以轻松获取用户的信任。如果主播能够在垂直领域打造出自己的影响力,形成自己的专属标签,就会形成滚雪球效应,否则很可能会被直播的大浪潮淹没。

例如,一个专门做"花卉/盆栽"的主播,他对花卉的市场行情了如指掌,并且在直播中为观众详细讲述玫瑰、茉莉、金钱树等常见花卉的养殖小技巧。凭着自己的专业性,他可以吸引很多对这方面感兴趣的用户,然后引导用户的购物决策,为他们提供高品质的购物体验,最终能够吸引越来越多的用户。如果你在某一领域里形成了自己的专属标签,将来只要粉丝在这一领域有消费需要,就会在第一时间想起你。

起初,淘宝直播对直播机构的政策比较模糊,显得有点儿定位不清,但是从2018年开始,随着几大头部主播的强势崛起,淘宝逐渐将重心放在了垂直领域上。淘宝希望通过扶持垂直领域,从而吸引更多的商家和用户加入直播中。

目前,垂直主播和机构主要集中在美妆、母婴和食品领域。垂直领域的主播越多,企业的订单越多,自然会有越多有实力的人愿意加入淘宝直播,这样就可以形成一条优质的生态链。

第二章
做好直播前的准备工作

直播带货是销售的一种新形式，为了达到良好的带货效果，需要提前做好一系列的准备工作。本章分别从团队组建、硬件准备、直播账号注册、直播选品等方面，对直播前的准备工作进行了细致的阐述，为直播从业者提供了开阔的视野，帮助主播把每一场直播都打造成一场真人秀。

组建一支直播团队

一场好的直播，除了需要风趣幽默的主播以外，还需要很多工作人员，大家共同组成一支团队，并且各司其职，才能轻松应对直播中遇到的各种问题。那么，电商直播团队究竟包含哪些人员呢？

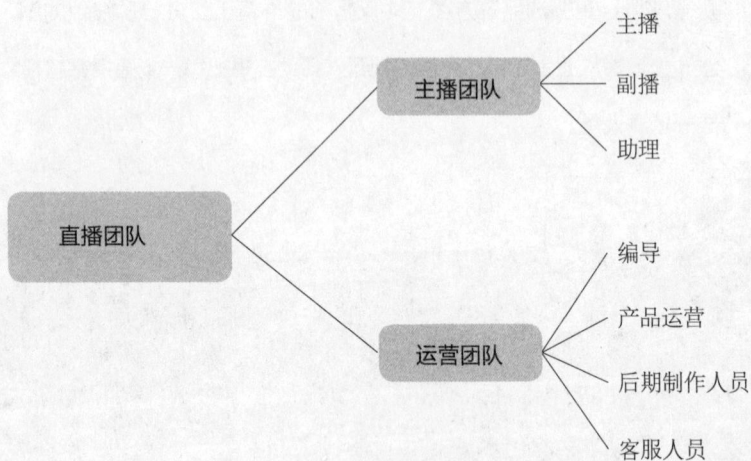

图2-1　直播团队构架

主播团队

1. 主播

主播是直播间的门面，也是最重要的团队人员，因此直播带货对主播有很高的要求。对主播的考查，通常要从以下几个方面进行。

（1）形象和气质。主播和线下营销人员一样，需要具备良好的形象和气质，一个谈吐优雅、举止得体的主播很容易受到用户的喜爱。同时，还要根据店铺的特点及商品面向的群体，选择气质相符的主播。例如，美妆面向的群体主要是年轻女性，那么在挑选主播时，最好选择长相清秀、五官挺拔、普通话标准的人，这更接近于年轻女性的审美习惯。

（2）性格。电商主播需要向观众介绍商品，因此最好选择性格活泼、不易发怒的人。

（3）口才。主播同时还要有较强的语言表达能力和临场应变能力，他们需要与观众进行交流，以调动直播间的氛围。

（4）了解相关知识。要想成为一个优秀的主播，一定要懂产品，对相关产品非常熟悉，从制造工艺，到使用体验，都一清二楚，最好还要了解一些行业内的知识，这样才能为观众提供专业的建议。

一个好主播可以为店铺带来无法估量的资源，但好主播也是可遇不可求的，因此很多电商更愿意发掘有潜力的内部人员，将他们一步步打造为合格的主播。这样培养出来的主播，相比于外部招聘来的主播更稳定，也更懂公司的产品和企业文化。

2. 副播

副播的任务是协助主播进行直播，在介绍产品时，可以与其进行配合，同时还要向观众讲解直播间的规则等。

3. 助理

助理的职责是负责配合直播间所有的现场工作，例如操作直播中控台、控制直播间节奏、调试灯光设备、摆放商品等。

运营团队

一个好主播的背后都有一支好团队。主播在屏幕前与观众交流，团队则在屏幕后提供支持，例如改价、加库存等。此外，直播运营人员的任务还有很多，包括运营、客服等，他们要掌握多种技能，比如写策划、总结商品要点、直播间互动、分析数据等。

1. 编导

编导的任务是负责直播节目选题、统筹和执行，他们通常对电商直播有着深刻的认识，并且熟悉短视频拍摄，还会编写直播脚本。

2. 产品运营

产品运营的任务通常有三个：内容运营、活动运营、用户维护。

（1）内容运营。一个成熟的直播团队需要把控直播内容的质量，如果没有运营工作，直播就很容易变成无头苍蝇，找不到正确的方向，垃圾内容泛滥。为此，我们必须首先了解用户的喜好，然后将其反映给团队。用户需要什么，团队就给他们策划什么样的内容。

（2）活动运营。根据用户的需求及当前的社会热点，例如"双11""双12"等，策划出相应的活动，以此提升流量和关注度。其间需要明确活动的目标，如拉新用户、留存用户、活跃用户等。

（3）用户维护。保持与用户的沟通和联系，及时了解用户的需求，以便发现产品的不足之处，并且提出改进意见。

3. 后期制作人员

通常，在直播结束以后，还要把直播中有趣的部分挑出来，配上一些特效，剪辑成短视频，发布到网上，以完成进一步的传播。

4. 客服人员

客服人员的任务是负责直播间互动答疑、直播间配合主播要求、解答售后发货问题等，为此，客服必须熟悉直播间的内容和福利，避免一问三不知。

准备直播的硬件设备

　　生活中，一部手机便可以让我们在网上实现直播，但是电商直播往往需要配备一些专业的设备，以便获得更好的直播效果。

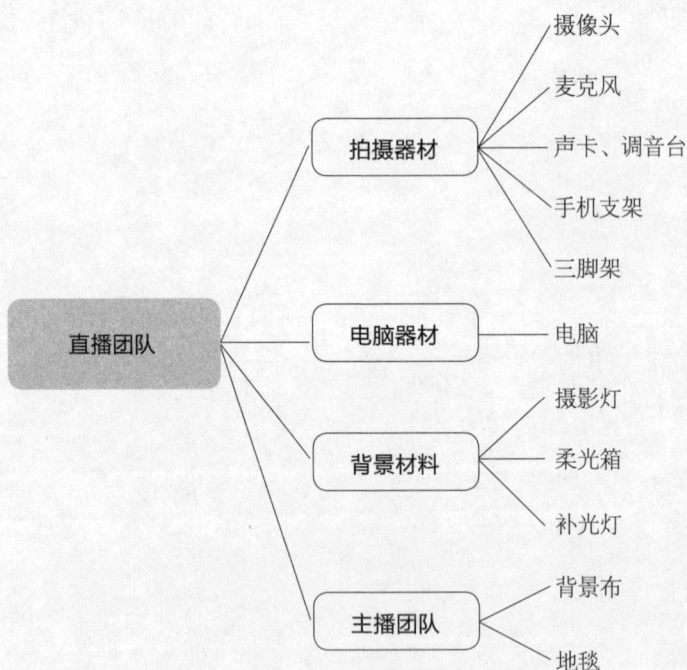

```
                                    ┌─ 摄像头
                                    │
                                    ├─ 麦克风
                                    │
                        ┌─ 拍摄器材 ┼─ 声卡、调音台
                        │           │
                        │           ├─ 手机支架
                        │           │
                        │           └─ 三脚架
                        │
            直播团队 ──┼─ 电脑器材 ── 电脑
                        │
                        │           ┌─ 摄影灯
                        ├─ 背景材料 ┼─ 柔光箱
                        │           │
                        │           └─ 补光灯
                        │
                        │           ┌─ 背景布
                        └─ 主播团队 ┤
                                    └─ 地毯
```

图2-2　常用直播设备

1. 摄像头

尽管目前的手机拍摄已经拥有不错的效果，但是电商直播最好还是选择成像效果更好的专业摄像头。选择摄像头的最基本要求是清晰度要高，没有清晰的画面，用户很难有继续了解下去的兴趣。

图2-3　摄像头

2. 麦克风

直播的音频设备同样十分重要，一个高品质的麦克风，具有延迟小、灵敏度高的特点，让你的声音听起来更真实。如果你的预算充足，不妨选择一款电容式麦克风。如果摄像头自带麦克风，能满足直播的需求，则可以省下这笔钱。

图2-4　电容式麦克风

3. 声卡、调音台

声卡和调音台也是直播的核心部件，二者通常搭配使用，其主要作用是提升声音清晰度、消除杂音。

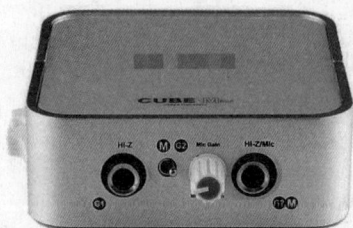

图2-5　声卡

图2-6　调音台

4. 手机支架

在直播的过程中，主播有时需要使用手机查看直播间的留言和弹幕，此时可以使用手机支架，将手机固定在桌面上。

图2-7　手机支架

5. 三脚架

三脚架的主要作用是固定摄像头和云台，配套使用能大大地提升相机的稳固性，避免画面抖动、模糊。

图2-8　三脚架

6. 电脑

使用PC客户端可以让直播更加稳定，有效避免直播卡顿。另外，在后期制作时，也需要使用电脑对画面或音频进行加工，增添更多的趣味性元素。由于电脑硬件配置过低，可能导致画面卡顿或者音画不同步，因此处理器最好达到intel 5及以上，配备独立显卡和固态硬盘。

7. 摄影灯

摄影灯的作用是提供光源，让画面的成像质量能够得到保障。光线以散光源为主，担心面部光线不柔和，可以使用柔光灯或美颜灯进行调节。

图2-9 摄影灯

8. 柔光箱

柔光箱由反光布、柔光布、钢丝架、卡口四部分组成，通常与摄影灯搭配使用。柔光箱可以让摄影灯发出的光更柔和，拍摄时能消除照片上的光斑和阴影。

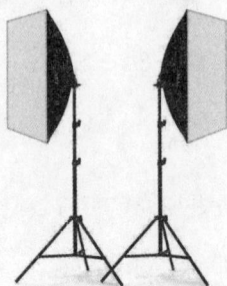

图2-10 柔光箱

9. 补光灯

人们在直播时常使用环形补光灯，它能够提供全方位无死角消除阴影的照明条件。

图2-11 环形补光灯

10. 背景布

背景布是室内摄影的必备品,通常为单色,也有题材类的背景布,其作用是为直播营造更好的氛围。背景建议以浅色、纯色为主,显得简洁、大方,不花哨凌乱。不建议以纯白墙为背景,因为以纯白墙为背景易导致曝光过度或显脸黄。

11. 地毯

地毯的主要作用是装饰,同时防滑。

淘宝直播入驻流程

淘宝直播平台的入驻流程如下。

第一步：在手机上下载淘宝主播App，登录淘宝账号，进入应用首页。如图2-12所示。

图2-12　淘宝主播App首页

　　第二步：点击"主播入驻"按钮，选择"主播入驻"或"MCN机构"。
如图2-13所示。

　　第三步：根据指引进行实人认证（即刷脸确认是否为账号本人）。

　　第四步：进入资料填写页面，上传主播头像、输入主播昵称，勾选两个协
议，点击完成即可创建直播。

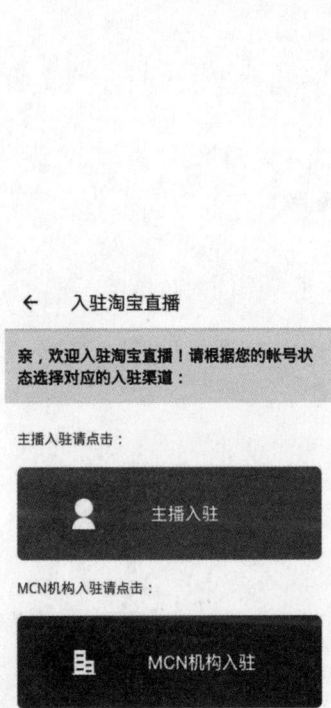

图2-13　入驻淘宝直播　　　　　　　图2-14　创建直播

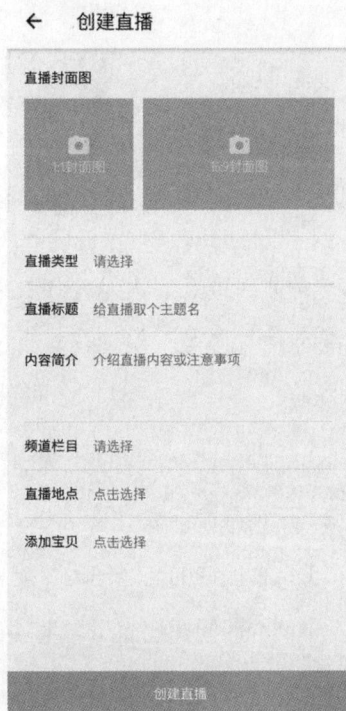

　　第五步：直播开通以后，页面自动返回主页，点击"手机直播"，即可开
始你的直播之旅。

图2-15　开通直播

淘宝分别对商家、达人、MCN机构提出了不同的入驻条件，其中对直播达人的要求比较简单，而对商家和MCN机构提出的要求相对较复杂，主要包括以下要求：

（1）店铺一钻及一钻以上级别；

（2）店铺微淘等级L1及以上；

（3）结合店铺的老客户运营能力（客户运营平台）；

（4）结合店铺销售商品与主营类目匹配度；

（5）结合店铺销量情况评估；

（6）卖家须符合《淘宝网营销活动规则》；

（7）本自然年度内不存在出售假冒商品规范的行为；

（8）本自然年度内未因发布违禁信息或假冒材质或成分的严重违规行为扣分满6分及以上等。

获取淘宝直播浮现权

直播浮现权是什么？简单来说，就是你的直播能否推广给手机用户的权利。如果你的店铺有浮现权，那么淘宝官方就会给你更多的流量支持，让你更有机会获得粉丝。只要直播间不断有用户加入，并且积极与主播进行互动，那么直播间的浮现权就会提高。

如果没有浮现权，就没有人观看直播，流量就一直上不去，因为我们只能在私域进行直播。

每个主播都希望获得浮现权，拥有浮现权之后，再加上努力直播，就可以积累粉丝，带来真实成交，逐渐成为大主播。

如何查看自己是否拥有浮现权

第一步：打开网页，搜索"阿里创作平台"。

第二步：在导航栏中找到"自运营—直播"，点击进入"淘宝直播"后台管理。

第三步：在右上角找到"我的权限"，点击查看。

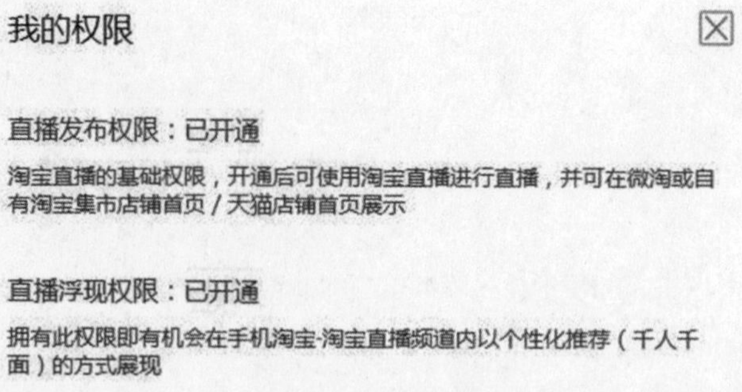

我的权限 ☒

直播发布权限：已开通
淘宝直播的基础权限，开通后可使用淘宝直播进行直播，并可在微淘或自
有淘宝集市店铺首页／天猫店铺首页展示

直播浮现权限：已开通
拥有此权限即有机会在手机淘宝·淘宝直播频道内以个性化推荐（千人千
面）的方式展现

图2-16　浮现权

商家获取浮现权的条件

流量终归是有限的，淘宝对直播的管理比较严格，不会随意给店铺开通浮
现权，而是对你的运营能力有一定的要求。

（1）主播成长等级达到主播等级2（以App主播等级页显示的等级
为准）。

（2）符合《淘宝网营销活动规范》，包括：

• 近180天内店铺DSR评分三项（非虚拟交易）均≥4.6；

• 近30天内纠纷退款率不超过店铺所在主营类目纠纷退款率均值的5倍或
纠纷退款笔数＜3笔；

• 近90天内无一般违规行为节点处理记录；

• 近730天内虚假交易分值未达48分，且近90天内无虚假交易扣分；

• 近365天内无严重违规行为节点处理记录；

• 近730天内出售假冒商品分值未达24分，且近365天内出售假冒商品分值
未达12分；

• 近90天内无虚构交易、虚构购物车数量、虚构收藏数量等扰乱市场秩序

行为；

• 未在搜索屏蔽店铺期；

• 无其他被限制参加营销活动的情形。

满足以上要求之后，方可开通浮现权。

达人获得浮现权的条件

相对于商家，淘宝直播对达人主播也是有要求的。首先达人需要满足以下条件：

（1）主播经验分达到3 000分；

（2）月开播场次≥8；

（3）月开播天数≥8。

然后淘宝会对主播进行考核，具体考核的数值为：场均观看UV50，人均观看停留时长0.5分钟，拥有直播发布权限15天以上，在考核周期内近15天发布30分钟以上、直播5次以上的达人主播（非机构主播）。

另外，淘宝直播也会将一些其他因素纳入综合考量中，包括粉丝无负面评价或投诉，无违规行为，退款率等逆向数据不高于平均水平等。

浮现权不是固定的，淘宝每隔一段时间（15天）就会对主播进行考核，然后对他们的浮现权进行排名，排名高的浮现权就会上升，排名低的浮现权就会下降。每次考核，淘宝都会选取排名前100的主播，给予他们相应的奖励。

简单有效的选品方法

电商直播要想做得好，一要看主播的带货能力，二要看团队的选品能力。大主播的招商团队都很强，他们砍价拿优惠的能力远远超出一般人，因此他们能够越做越强，始终占据行业上游的位置。那么作为一名电商主播，该如何选择合适的商品呢？

四种适合直播的商品

电商直播选品时，有两点最基本的要求：一是物美价廉，二是库存充足。能够满足这两点要求的商品，只需找到合适的门路，让那些有需求的人看到，就很容易成为爆款。但是在生活中，并非所有的商品都能够满足这两点要求，因此适合直播的商品种类是有限的。适合直播的商品大致有以下几个特点。

1. 快速消费品

快速消费品是指那些使用寿命较短、消费速度较快的商品。并且此类商品具备很强的实用性，拥有广泛的消费群体，基本都是以大批量走货为特点，这样的产品很容易获得不错的销量。

2. 无法亲自体验的商品

有些商品是用户很难亲自体验的，其中可能存在很多困难，如信息不对称、距离太远、费用太高等，让用户在这样的情况下做出购买决策是很难的。如果能够针对这些商品做一场直播，向用户详细解读其中的细节，一定会引发用户很大的兴趣。

3. 适合团购的商品

很多商品都适合团购，其中主要是成本低、利润高、容易运输的商品，这些商品的性价比很高，容易吸引用户的兴趣。

4. 具有品牌知名度的商品

与知名度较高的品牌进行合作，也是一种常见的营销方式。有了品牌的加成，直播更容易受到观众的关注。而且品牌商的商品大多质量过硬，竞争力强，只是价格不便宜，如果在直播间内发放折扣券，更容易制造爆款。

综上，主播推荐的商品，肯定是受众明确、性价比高、质量好、用途广，并且是同生活密切相关的、具备某些功能、能满足某些心理需求等方面的商品。

选择与直播间相匹配的商品

主播在选品时，一定要注意匹配度问题，以防直播的产品让观众感到陌生。为此直播间出现的商品，必须具有一定的联系，符合主题要求的商品才可以出现在淘宝直播间宝贝列表，例如主讲化妆品的直播间，主播最好只发化妆品类，尽量不选择食品和药品。这也是淘宝直播官方的要求，主播每次在发布直播预告时，系统都会根据投稿的栏目，判断主播发布的商品是否符合要求。但是官方同时也给主播留下了一定的自由选择空间，每个直播间已发布商品总数的20%可以不受选品规则控制。

这一点对于大主播来说尤其重要，因为大主播本身自带流量，经过长时间的直播，他们的粉丝群体大多具备很多相似之处。不同主播的粉丝，需要的产品种类可能是完全不同的，比如一个主播的粉丝群体主要由爱运动的男生构成，那么主播在选品时就应该考虑到这部分人群的消费习惯，尽量选择与之匹配的商品，才能更好地带货。

直播选品应当避免的误区

在选品时，有一些误区我们需要注意。规避这些误区可以帮助我们少走弯路，迅速提升浮现权。

这些误区包括以下几点。

1. 直播间产品品类太少

品类太少会导致主播在长达几个小时的直播中无话可说，只能重复解说同一种类型的产品，容易使观众感到厌倦。通常而言，主播接触的产品不应低于10种，即便归属于同一种类目，也应当做出区分。

2. 复购周期长

复购周期是指观众在直播间再次购买商品的平均间隔时长，尽可能地缩短复购周期显然对主播十分有利。很多主播未能深层次地挖掘用户的深层需求，就会导致选品脱离用户的需求，进一步导致复购周期变长。

3. 价格设置不合理

产品价格应当保持在一个合理的区间内，价格过低或者价格过高都不利于维护粉丝。价格过低，会让观众怀疑是假冒伪劣产品；价格过高，又会让观众觉得吃亏。

直播之前，先做好时间规划

很多主播总是抱怨，为什么自己努力直播，效果却总是不尽如人意。其实，这主要是因为他们的工作过于随性，没有做好时间规划，那么，如何才能做好时间规划呢？

直播时间是非常有讲究的，新手主播常常在这上面栽跟头。白天直播观众少，晚上直播又拼不过大主播，因此我们要做的就是了解各个时间段的直播行情，然后根据自己的战略规划，选择恰当的时间段。

各个时间段的直播行情分析

1. 上午（5：00—13：00）

上午看直播的人最少，大多数人可能刚刚起床，或者刚刚进入工作状态，对观看直播的兴趣不浓，因此早上开播的主播也比较少，但是相应的竞争也比较小。

2. 下午（13：00—17：00）

到了下午，观看直播的人数会逐步上升，用户也比较懒散，很好说话，很少会给主播出难题。重点是，此时大主播还没上线，因此竞争压力不大，中小型主播可以利用这段时间获得合理的转化。

3. 晚上（19：00—24：00）

大主播通常都会集中在夜晚上线，因为此时人们大多已经下班，观看直播可以让他们从一天的劳累中获得短暂的放松。在这个时间段内，各个直播平台都会迎来流量的高峰，主播也正式开始抢人大战。如果你准备充足，也可以将直播时间定在晚上，以争取更多粉丝和流量。

4. 夜间（00：00—5：00）

这段时间比较微妙，一方面观看直播的人数大大减少，另一方面下单、刷礼物的用户比例依然很高，特别是观看游戏直播的用户。也正是这个原因，许多中小主播选择在这个时间段继续直播。

无论你是新人主播，还是经验丰富的大主播，都应当拥有固定的直播时间段，这样才能让粉丝形成习惯，一到时间就来你的直播间。

开播之前，先发预告

在正式开播之前，一定要先发布预告。这一点被很多主播忽略了。他们以为直播预告无关紧要，其实预告非常重要。预告可以让用户提前了解直播内容，同时能够让公司的运营人员找出好的主题进行包装推广，将直播内容进行用户匹配，获得更精准的用户流量。预告视频有时还会出现在手机淘宝的首页。

发布预告也很简单，首先打开淘宝主播App，选择"创建预告"。然后根据指示填

图2-17　创建预告

上直播封面图、预告片、直播时间等内容即可。

封面图建议选择浅色、纯色的背景图，不要包含太多元素，也不要在图片上添加文字，因为观众很难看清楚。同时，尽量不使用拼接图片，不使用表情包等元素，不使用带有播放器的按钮，贴身衣物不出现任何人物、模特等元素。如直播间无明星参与直播，不可使用明星作为封面图；如直播间有明星参与直播，可使用明星封面图，但必须提供相关的肖像使用授权文件等信息。标题不能出现"测试"等字样。

预告片建议保持画面整洁、不凌乱，同时突出直播的重点，不能有水印，否则不利于上首页。

在预告的最后一栏，还有一个"添加宝贝"的选项，你可以将想要直播的商品添加上去，它会帮助你找到那些希望购买此类商品的人群。

发布预告之后，一定要按照预定的时间、预定的直播内容开播，否则会给你的直播间权重带来不利影响。

直播时间多长为宜

淘宝直播官方并未对直播时长做出明确的规定，但是毫无疑问的是，直播时长也会影响直播间的流量。通常，主播都会根据自己设定好的流程来规划时间。

直播的时间不宜太短，否则会让观众感到意犹未尽，不利于吸引粉丝。更重要的是，如果直播时长过短，就会影响浮现权的提升，基本不会吸引多少流量。

在正常情况下，直播的时间越长，潜在的流量越高，淘宝直播也会按照时长给主播推送流量。所以很多主播的直播时长一般为4~8个小时，有时甚至会达到10个小时以上。如果是新人主播的话，建议每天的直播时间不要低于三个小时。

　　要避免出现一天内分时间段直播的情况，比如早上开了两个小时的直播，然后就关闭直播，到了晚上再次开播。

　　另外，即便开着直播间，主播也要尽量避免长时间离开直播间的情况，一方面容易给观众留下不专业的印象，另一方面也可能遭到淘宝官方的处罚。

　　也有一些商家选择了另外一种模式，他们自己不上阵，而是请了很多主播，让他们轮流上阵，一天24小时不间断地直播。这种模式对团队的要求比较高，不适合新人主播。

第三章
实力圈粉，打造主播的专属IP

　　众所周知，头部主播总是具有非同一般的影响力，他们深耕某一个垂直领域，生产了大量的优质内容；有的长时间陪伴观众，与观众建立了深厚的友谊；有的自带明星光环，给观众带来了前所未有的体验。他们将自己打造成专属IP。本章将主要介绍个人IP的主要特点，以及打造个人IP对电商直播的意义，并且从多方面探讨如何打造主播的个人IP。

个人品牌IP化是主播的必修课

在传统营销时代，商家邀请明星代言广告是一种十分普遍的现象，而在直播平台上，明星变成了主播，主播要想给用户留下深刻的印象，就必须学会打造个人品牌IP化。

什么是个人品牌IP化

互联网界的IP，百科上的解释是："所有成名文创（文学、影视、动漫、游戏等）作品的统称。也就是说，此时的IP更多的只是代表智力创造。比如发明、文学和艺术作品这些著作的版权。进一步引申来说，能够仅凭自身的吸引力，挣脱单一平台的束缚，在多个平台上获得流量，进行分发的内容，就是一个IP。"

简而言之，IP就是一个招牌，而个人品牌IP化，把人打造成一个IP，相当于网上常说的"立人设"。

2016年初，网红Papi酱得到众多投资公司的联合注资，并且在4月21日把一条广告拍出了2 200万元的天价，有50万人通过淘宝直播平台围观了这次活动，成为新媒体第一个标王，令人惊叹不已。Papi酱的成功，就是个人品牌IP化的一个成功案例。

传统电商是以卖货为主，而淘宝直播的本质是社交电商，需要通过内容、人格魅力的营销去吸引更多的用户和粉丝，促进转化。而用户只有在情感和价值观上建立信任后，商家才会实现以商品为载体的支付和变现。主播在建立了专属的个人IP后，不仅可以获得粉丝的认可，还可以获得媒体和资本的追捧，进而拥有畅通的变现渠道和极强的变现能力。

和以往的直播模式不同，电商直播是专门用于营销带货的，因此，类似于淘宝直播这样的电商直播平台降低了个人IP化的门槛，主播们不需要绞尽脑汁地生产专业的内容，也不需要专业酷炫的内容剪辑，和这些相比，更重要的是为观众提供物美价廉的产品。主播要做的是突出自己的特质，不仅要具备KOL（Key Opinion Leader，关键意见领袖）般的专业性，还要扮演一个亲切、贴心的朋友，这种人设的打造，对提升主播的带货能力有很大的帮助。

主播应当具备的五种强IP属性

主播要想把自己打造成一个强IP，就必须具备五种属性：传播属性、内容属性、情感属性、故事属性、价值观属性。同时具备这五种属性的主播，具备极强的带货能力。

1. 传播属性

主播IP化的背后，是直播平台凸显的马太效应，几个头部主播就可以横扫平台，而其他主播只能分食剩下的流量。只有在互联网上广为传播，主播的影响才能散布到社会的各个领域，从而获得更多的关注度和流量。而传播速度快正是互联网的一大特点，互联网极大地提升了信息的传播速度，只要主播具备了强传播属性，就可以瞬间在整个网络传播。

2. 内容属性

带货主播是一个凭实力说话的职业，无论你直播的是哪个品类的商品，都必须打造优质并且有价值的内容，才能成为一个强大的IP。李佳琦能够走红，是因为他几年如一日地向观众直播口红试色；Heika-z能够走红，是因为她从最早一批的淘女郎一直坚持到今天。他们生产的内容，就是向观众持续不断地介绍产品。

3. 情感属性

一个IP之所以能够给人留下深刻的印象，是因为它能够引起人们的情感共鸣。主播如果能够利用这种情感属性，就能够获得更多用户的追捧和认同。因此，主播应尽可能地通过言谈举止等多方面让粉丝产生好感。

4. 故事属性

故事属性是一个IP吸引用户关注的关键属性，一个好的IP必定拥有一个吸引人的故事情节。主播也应当利用故事属性，在直播时讲述故事，可以讲述自己的故事，也可以讲述商品或品牌的故事，总之要让观众听着感觉有意思，而不是感觉在浪费时间。

5. 价值观属性

IP的核心吸引力来自价值观，一个三观端正的主播更容易受到观众的欢迎。优质的商品，再加上积极向上的价值观，将会为你带来一批忠诚度极高的粉丝。

为主播定制个人的专属IP

有的主播即便没有刻意地营造人设，但是他们在直播的过程中，也已经形成了自己的专属IP，只是有的容易被观众接受，而有的却被观众厌恶。那么，如何向广大观众呈现一个受欢迎的IP形象呢？

打造优秀IP的三种途径

如今，诸多电商都开始重视主播IP的打造。一个好的IP可以增强主播的辨识度，深化用户对主播的认知以及信任感。当主播被贴上标签，与标签融为一体时，主播便拥有了属于自己的IP。至于打造IP的途径，人们给出了不同的答卷。综合来看，以下几种方法非常适合用于塑造IP。

1. 凭颜值取胜

电商和MCN机构在招聘主播时，总是倾向于招长相俊美的人，因为颜值高的人更容易被人们记住，也更容易打造成一个优秀的IP。这和以往的电视明星培养之路很像，而电商和MCN就相当于星探。他们找到一些长相出众的男生或女生，对其进行培养，从穿衣打扮，到言谈举止，都会进行严格的训练。经过训练之后，这些男生或女生就能成为主播，他们的起点很高，条件也很好，因此IP价值超过了普通主播。然后，他们顺理成章地接了很多订单和广告，继续升级自己的品牌IP。

2. 凭商业才能取胜

有的主播颜值并不出众，也没有特别突出的手艺，但是他们非常会做生意。偶然的机会，他们接触到了直播这种营销方式，于是一边担任主播，一边经营生意。随着生意越做越大，他们的名气也越来越大，来看直播的人就越来越多。

3. 凭产品取胜

很多时候，主播和产品是互相成就的。有的主播在带货时，对某一种产品介绍得特别多，例如口红、橘子、热干面等。久而久之，人们便会把他和这种产品联系起来，一提起主播，就会想到这种产品，这种产品也就成了他个人IP的一部分。

以上几种都是主播们常用的方法，已经被很多人采用并获得了成功。其实，无论采用哪种方法，都需要长时间地坚持和努力，最终才能给人们留下印象，从而形成主播的专属IP。

跨界合作，提升IP含金量

带货量高的头部主播们都拥有很多粉丝，在各自的领域内也有一定的知名度。有的人可能会疑惑：接下来该怎么做才能更进一步呢？其实，虽然主播是靠着直播火起来的，但是未必要永远固守在直播领域，而与其他领域绝缘。如果能够借助团队的力量，实现跨界合作，就能够极大地提升个人IP的含金量。

例如，与优质媒体合作，举办一场活动，然后登上新闻，借助优质媒体来提升主播IP的知名度，让更多领域内的人都能对主播有所了解。

如图3-1中，新疆某县的县长亲自做直播带货，为本地的农产品进行网络宣传，此事登上报纸。

图3-1 县长亲自做直播带货

又比如,邀请明星来直播间,跟主播一起带货,利用明星的力量来提升主播的形象,这也是很多主播都在做的事情。

等主播的名气足够大了以后,还可以与一些商家进行合作,为他们的产品代言,推出定制版产品,这种方法也是非常有效的。这种颠覆受众的刻板印象,运用时下社交媒体流行的表达方式,引起受众的兴趣和广泛讨论,极易被年轻群众接受,并带来意想不到的宣传效果。

培养主播的专业素养

无论在什么行业，做什么工作，要想获得成功，都必须拥有专业素养。只有专业素质过硬，才能获得观众的认可，因此专业素养是主播个人IP的重要组成部分。然而，说起主播的专业素养，大多数人都只是泛泛而谈，缺乏深刻的认识。主播究竟需要哪些素养？为什么主播需要这些素养？

专业素养助力主播

电商直播的运营，主要由三个方面构成：产品、直播内容、主播人设。只有这三个方面都做好以后，再加上长期的坚持和努力，才能够获得成功。

图3-2　电商直播的三个要素

而这三个方面，都要求主播有很高的专业素养。第一，主播必须清楚产品的卖点，了解用户能否接受产品，这样才能提高选品的能力；第二，主播要生产优质的内容，也就是向用户提供专业的建议；第三，主播还要保持良好的人设，避免让用户讨厌。

另外，直播兴起的速度太快，而准入门槛又不高，不像传统的广播电视主持人一样接受过专业的训练和严格的审核，因此呈现出良莠不齐的现象。虽然近年来主播的数量增长很快，但是队伍庞杂，整体呈现出专业素质普遍不高的行业现状。

在这种情况下，提升自己的专业素养，可以帮助我们从众多的主播当中脱颖而出，获得更多粉丝的青睐。例如，从淘宝主播李佳琦的自身条件——资深欧莱雅专柜BA来看，所以无论是对产品的理解度，还是对货品的讲解能力，他的专业度都能吊打众多业余爱好水平的美妆博主。这也让观看他直播的人更为信赖他。

主播应当具备的五大职业素养

带货直播的成功，核心是通过主播自身专业素质的提升，以提高自身的竞争力。一个优秀的带货主播，必须具备以下几种素养。

1. 选品洞察力

网上的商品不计其数，其中很多都具有成为爆款的潜质，就看你是否具有洞察力。主播在挑选商品时，一方面要关注产品的差异化，另一方面要注意产品的价格。淘宝头部主播在选品时，大多是从新品、精品、限时、限量、低价这几个方面进行考察的。他们的直播间内会不定时地上新品，有首发，有独家。当你第一时间想买某个品牌的新品，又想打折扣时，你就会来到他们的直播间。这种渠道的排他性，帮助头部主播们锁定了很多粉丝，完成了极高的购买转化。

2. 销售讲解能力

电商主播本质上仍然是销售，只不过销售场地由实体店转到了直播间，因此主播也应该锻炼一下自己的讲解能力。首先，说话时底气要足，声音要洪亮，语速正常，让观众都能听清楚你在说什么。其次，还要大方得体，有礼貌，不要过分殷勤，也不要过分拘谨，要记住你的任务就是打动客户。

3. 现场的应变能力

在直播时，我们经常会遇到一些意外事件，比如一不小心把东西摔碎了，或者说错了话，引起观众的误解等，这时候就要考验主播的应变能力了。主播必须要有冷静的头脑、敏锐的反应，才能在现场更好地完成主持任务。假如处理得当，就可以扭转局面，让观众在欢笑声中为你点赞。

4. 卓越的学习能力

这一点对于主播而言太重要了，特别是还未入行的新人主播，在决定正式跨入主播的行列之前，最好先问问自己愿不愿意学习。如果对学习没有兴趣，最好还是放弃，因为主播要学的东西太多了，从销售技巧到管理技巧，再到互联网软件应用，这些都需要主播不断地学习，才有机会崭露头角。

5. 持之以恒的敬业心

在互联网时代，成名似乎很容易，抖音和快手等短视频软件捧红了很多人，就连淘宝直播这样娱乐性质较弱的直播平台上，都出现了很多网络红人。其实，一夜成名是极少的，持之以恒是成功必不可少的条件。电商直播需要长期坚持才能看到效果，要持之以恒，坚持到底。

主播形象的建设和维护

对于主播而言，自身的形象是极为重要的，因为主播要面对的不是一两个人，而是直播间内的众多观众。许多新人主播常犯的错误就是根据个人的喜好随意去做，不懂得维护自己的形象，要知道这也是讨好观众的重要一环。

建设专业的形象管理体制

这里所说的形象，并不仅仅是长相、发型、服装等，而是包含了专业技能、自身修养、知识水平等各个方面，它体现了主播的综合水平。

专业的电商和MCN机构，都会为旗下的主播们配备一个主播经纪人或者类似的职位，而经纪人的工作则由部门总监直接领导和管理。主播经纪人负责主播的日常工作管理，并且对外进行销售，与主要电商平台、供应商以及选秀节目等保持联系，帮助主播拓展推广渠道。在日常生活中，他们还会负责计划和安排主播的工作事项，包括主播的日常排练、创作、演出、拍摄、采访等相关事务。

如果主播是以个人身份进行直播的，那么这些工作可能就要由主播自己完成，日常生活中的创作、学习等都要靠自觉才能进行下去。

为主播设计合适的造型

做电商主播，虽然颜值并不是全部，但是颜值依旧占据了很重要的位置。邋遢的外表总是会给观众传递某种不愉悦的感受，而干净整洁的面庞、得体的妆容、舒服的搭配总会让观众更喜欢。作为一名主播，你的形象只有被观众接受，才能更好地实现自己的价值。因此，在开播之前，主播应当对自己的造型进行一番修整。如果你觉得自己的形象不是太好，不妨先找发型师给自己设计个发型，然后让会穿衣搭配的朋友给你推荐几套合适的衣服。

1. 面部化妆

对于主播来说，如果有条件，最好还是化一下妆。即便是简简单单的妆容，也比素面朝天的效果要好。观众都是在直播间的画面里看到主播的，摄像头打开之后，呈现出来的画面是磨皮+美颜+滤镜之后的效果，不化妆的话，很难看出效果。另外，在镜头的拍摄下，主播面部的缺陷会被放大，而化妆能够很好地弥补这一点，以便为主播加分。

2. 发型塑造

发型也很重要，不同的发型会给人不同的感觉。主播在设计发型时，要根据直播间的风格去搭配。例如，面向成熟女性客户的直播间，发型设计就应当成熟一点，如果装扮得像小女生一样，就会降低客户的信任感。

3. 服装搭配

主播穿的衣服应根据直播内容来确定。例如，如果直播的是五金、厨具等生活气息特别浓厚的商品，就不适合穿着看上去特别奢华的衣服。相反，换上一身便服更容易拉近与客户的心理距离。总的来说，主播的穿着应当简洁大方，契合主题，可以突出自身的优点，但是不能有违和感。

截图制作主播表情包

在网络直播快速发展的今天，很多电商主播也有了属于自己的粉丝团，粉丝们把主播的照片制作成表情包，展现出强大的传播效果，这在无形中帮助主播提升了IP的影响力。因此，主播也可以自己制作表情包，发布到网上，供粉丝们使用。那么，如何制作表情包呢？可以从以下几步着手进行。

第一步：发现经典表情

在直播活动结束以后，主播或者团队内的工作人员可以回放视频，留意是否有比较经典、有趣的动作，然后截选下来，当作表情包的素材。

一般来说，适合做表情包的图片主要有以下几种。

（1）经典动作。

每个主播都会有自己的特点，一些不经意间做出来的动作，或者是故意做出来的动作，能够表现出主播个人特征的，就可以拿来制作表情包。

（2）夸张的表情。

当主播出现皱眉、瞪眼、噘嘴等较为夸张的表情时，可以标记并保存下来。例如，在2016年的里约奥运会上，中国游泳队选手傅园慧就凭借一个吃惊的表情，以及“我已经用了洪荒之力”的台词，迅速在网络上走红。

（3）经典表情。

网络上有很多广为流传的表情包，这些表情已经给网友留下了深刻的印象。如果主播在直播的过程中做出了类似的表情，也可以保存下来。

（4）有趣的姿势。

主播有时会在直播时做出有趣的动作，例如双手高举看上去非常高兴，或者握紧拳头、拍桌子等，都可以拿来做表情包。

第二步：截取表情

截取表情分为静态表情和GIF表情，截取方法也有所不同。

（1）静态表情。截取静态表情的方法很简单，我们可以将回放的直播视频暂停，然后使用QQ、微信等聊天软件的截图工具（QQ的截图工具默认快捷键为Ctrl+Alt+A）截取视频画面即可。

（2）GIF表情。GIF表情是动图，制作方法有很多种。我们可以从直播视频选中几张有趣的图片，然后上网搜索GIF表情包在线生成器，将图片拖入提示框中，点击生成GIF图；我们也可以设置GIF图片的播放速度、图片大小、是否循环播放等。生成GIF之后，点击下载到电脑上即可。

第三步：添加文字

表情包配上文字，会显得更加有趣，因为这样可以帮助人们更好地理解其中的趣味，获得更广泛的传播。我们可以将静态图片用Photoshop打开，新建图层，然后用文字工具添加文字即可。GIF图片在Photoshop中会以多个图层的形式出现，只需新建一个图层，然后添加文字即可，这样表情包就制作完毕了。

第四章
设计有代入感的带货文案

主播必须了解用户的想法，针对用户的痛点，组织文案，用可视化的语言来描述产品，让用户产生代入感，不能让直播沦为一份枯燥、晦涩的"说明书"。走心的文案能够让用户感同身受，在互联网时代，这种深入用户内心，赢取用户好感的做法尤其重要。

开播之前，先设计带货文案

为什么主播只需寥寥数语，就能让无数观众买单？其中一个非常重要的原因是主播的带货文案设计得好。文案设计得好，能提升带货能力。一流的带货能力，离不开一流的文案，只是这个文案是由主播的口中说出的。所以在正式开启直播之前，最好先设计带货文案。

带货文案的写作流程

设计带货文案的目的很明确，就是与用户沟通交流，并且说服他们购买商品。每一场直播中，至少应该有一句优秀的带货文案。写出高流量、高转化率的带货文案，成为电商直播的刚需。

设计文案的目的是带货，看重的是实用性。美国顶尖文案人、《文案创作完全手册》一书的作者罗伯特·布莱认为：广告文案人员就是坐在电脑面前的销售人员，文案的最终目的就是卖货。同理，直播带货的文案不是文艺创作，也不是为了好玩，不能脱离了受众和产品。

因此，在设计带货文案时，有几个关键步骤是我们必须做的。

1. 了解传播渠道

带货文案的传播渠道就是直播平台，它最终是要靠主播用嘴巴说出来的，考虑到这两点，文案既不能设计得太长，又不能设计得太复杂。试想一下，一句拗口的台词，连主播都记不住，观众又怎么能记得住呢？

2. 了解产品知识

对于产品，主播应当有深刻的认识，更重要的是有独到的见解，能够一眼看出产品的优缺点，知道它们能不能被用户接受。

3. 分析受众心理

受众心理是有规律可循的，利用这些特点，我们可以对文案进行改进和优化，创作出传播力更强的文案。

4. 对语言进行润色

文案写出来以后，还需要根据受众的喜好及文化程度，对文案进行语言修饰，让主播能够说到观众的心坎里。

优秀文案的三个特征

优秀的主播能够对客户的心理变化洞若观火，他们说的话总是能够触动客户的内心。当观众在观看直播时，他们的内心会经历四个阶段。

（1）惊讶：原来主播你也有这种感觉！我也是啊！

（2）疑惑：主播，你是怎么知道这些的？

（3）感慨：看过这么多直播，只有你懂我！

（4）决心：这就是我想要的产品。

总的来说，优秀的带货文案通常具备以下三个特征。

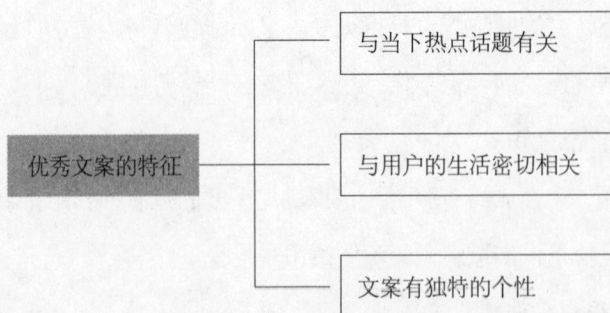

图4-1　优秀文案的特征

1. 与当下热点话题有关

其实在线下营销中，蹭热点的方式就常被销售人员使用。这些热点话题包括节假日、名人效应、热播影视剧等。一个优秀的主播必须学会蹭热点，借助热点话题，主播可以迅速与观众产生同理心。主播应当时刻留意互联网上出现的新动态，看到讨论热度较高的话题，可以记下来，在直播时和观众讨论。

2. 与用户的生活密切相关

主播说出来的文案中需要包含与受众生活密切相关的话题，以便迅速吸引受众的注意力，这是提高转化率的关键。好的带货文案，通常都会触及客户的痛点，他们会把客户代入应用场景中，然后推出自己的产品，帮助客户解决问题。

3. 文案有独特的个性

文案中包含着作者的个性，那些个性强烈的文案能获得很多人的认同和喜爱，使这些人成为主播的粉丝。此外，我们看到很多主播在直播时特意突出自己的不同之处，他们不会平铺直叙地说话，而是在平时使用的关键词、语言风格上下功夫，给观众耳目一新的感觉。

精准定位受众，提升文案的传播力

受众定位是文案写作者必修的功课，对主播也是一样。精准定位受众，尽量站在受众的角度上去构思文案，明白受众想要什么，替受众说出他们的心里话，这样的主播才会获得粉丝的支持。

根据受众分别拟定文案重心

做直播就像交朋友，走心的人总是更容易获得粉丝的青睐。不同的受众，思维模式不同，关注点也不同，因此在进行文案创作时，要根据受众群体的思维特点，分别拟定合适的文案重心。

如果目标受众是学生，就把关注点放在理想和信念上。这些美丽的事物最容易让他们着迷，当他们看到梦想的瑰丽色彩时，内心便会涌现出激昂的情绪。

如果目标受众是上班族，就把关注点放在利益上。他们承受着生活的重担。在重重压力下，梦想是奢侈品，现实中的利益才是最实际的，也是最容易达到的。

如果目标受众是女人，就把关注点放在幸福上。别看女人的要求多，其实她们的最终目的只有一个，就是获取幸福。

如果目标受众是老人，就把关注点放在情感上。多听听老人的唠叨，让他们知道自己没有被遗忘，让他们彷徨不安的内心感受到温暖。

找到了恰当的文案重心，观众才会愿意继续听下去，才会觉得你是一个走心的主播。

例如，下面的图片是直播节目的宣传海报，虽然产品是启蒙读物，但定位是家长，文案的重心就放在了"给孩子最好的"这几个字上面。你或许会问，为什么定位不是孩子呢？原因很简单，启蒙阶段的孩子不会主动购买此类产品，通常都是在家长的陪伴下阅读使用的。

图4-2 直播节目宣传海报

利用受众心理效应提升文案效果

作为一个群体，受众自然具有群体性的心理特征，因此我们可以了解一下受众的群体心理效应，在直播的时候加以利用。在生活中，常见的受众心理效应主要有以下六种。

1. 权威效应

人在面对权威人士或者权威机构时，都容易产生信任感。传统的电视广告营销经常利用群众的这种心理效应。例如，穿着白大褂的牙医，在广告中宣传牙膏产品，就很容易获得观众的好感。

2. 从众效应

从众效应是指人们很容易受到其他意见的影响，也就是通常人们所说的随大流。从众效应在直播中体现得尤为明显，在主播"3，2，1，开始！"的倒计时中，粉丝会争先恐后地下单，很快就把商品抢购一空。但是从众效应也是有条件的，主播的讲解要足够精彩，并且产品的竞争力要足够强，否则留不住观众，都是白费力气。

3. 名片效应

名片效应是指如果表明自己与对方的态度和价值观相同，就会使对方感觉到你与他有更多的相似性。简单来说，就是先告诉对方"我和你的想法一样"，获得对方的好感，然后再宣传自己的产品。这种方法有助于消除观众的防备心理，让主播能够更方便地展开营销。我们在生活中经常遇到这种方法，例如"我理解你的心情"。

4. 同体效应

同体效应，也称自己人效应，是指对方把你与他归于同一类型的人。也就是说，要想让你说的话更容易被客户接受，就要先让他把你当成自己人。有多种途径可以造成同体效应。例如，跟观众讨论电视剧里的人物，说起某个讨厌的角色时，你们都表现出了强烈的愤怒，又或者跟观众一起夸赞某位电竞选手，这时观众就会认为你们个性相投，进而把你当成自己人。

5. 晕轮效应

晕轮效应，就是以偏概全，用人身上某一方面的特征掩盖了其他特征，从而得出全部好或全部坏的整体印象。生活中，我们经常看到某些主播因为一些小事被全网的人批评，严重时甚至导致直播账号被拉黑，连身边的朋友也受到牵连，远远超出了应该受到的惩罚，这就是晕轮效应的体现。因此主播要特别注意自己的言行举止，避免落入晕轮效应的不良影响中。

6. 投射效应

投射效应是指观众自己身上具有某些特点，就理所当然地认为主播也是这样的。例如，一位粉丝喜欢看某主播的直播，同时又喜欢A品牌的手机，讨厌B品牌的手机。但是突然有一天，主播说自己喜欢B品牌，讨厌A品牌，这位粉丝于是很生气地说："想不到你是这样的人。"这就是投射效应的一种表现，因为粉丝把主播当成和自己志同道合的人，于是误以为主播对手机品牌的看法和自己是一样的。

制造身份认同，观众更容易接受

制造身份认同是市场营销中的常用方法，也是主播拉拢粉丝的重要方法。即主播通过某些设计好的语言，有意识地引导观众下单。了解这些方法，对提升直播的效果会有很大的帮助。

制造身份认同，打动观众

身份认同是社会学中的重要课题，它是一个人对自己的一种自我认同或自我确认，会对人们造成深远的影响，因而成为一种常用的营销手段。人们的自我认同通常会通过个人的生活方式，特别是消费方式表现出来。我们在电视上看到的广告，其中有很多都采用了这种手法。

很多主播也十分擅长制造身份认同，他们在直播时会故意大声地说"所有粉丝""所有女生""所有没下单的观众"等，这些都是在制造身份认同。

看看李佳琦说的这段话："带孩子的快去把孩子哄睡，有老公的快去把他安顿好，该洗澡的快去给我洗澡，但洗澡的时候一定要把我放在旁边听，因为我说的每一句话都非常重要。"

这段话就像一个老师在课堂里大声地对学生说："不及格的同学都听好了，我再强调一遍……"这时那些没有及格的同学就会自动产生身份认同，他们会竖起耳朵，等着听老师接下来要说什么。

不同的是，老师面对的受众是"所有同学"，而李佳琦面对的受众是"所有女生"。针对各自的受众，他们分别采取了不同的做法，但是总的原则是一样的——制造身份认同。

制造身份认同的常用方法

通过上面的例子，想必你已经对制造身份认同有了一点儿了解，它就是通过说出消费者的性别、社会角色、消费习惯等方式，让观众对号入座，在不知不觉中对主播产生认同感，然后促使观众按照主播宣传的内容去消费。

在实际生活中，制造身份认同可以从以下几个方面进行。

1. 我是××人

这是最简单的方法，也是最常用的方法，例如上文提到的"所有粉丝""所有女生""所有没下单的观众"等，都是在提醒观众要注意自己的身份。主播可以从观众的基本信息入手，例如：

（1）性别认同：所有女（男）生、直播间的女（男）生；

（2）年龄认同：家里有老人的，可以买一件回去；

（3）民族认同：请大家多多支持国货；

（4）职业认同：上班族、老师、司机等。

2. 我应该是××人

每个人都希望生活变得更好，自己变得更优秀，主播可以利用这种心理，展现一些美好的场景，让观众产生渴望心理。例如：你值得拥有更好的；女孩子要对自己好一点儿……

3. 只要我××，我就会××

相信你一定听过这些话：买了×××，你走在路上回头率爆表哦；连××

明星都在用，你还在等什么？主播其实是在暗示你，东西买回去以后，你就会变得与众不同。

综上所述，在直播的时候营造特定的语境，赋予商品更多的附加价值，并且将这些价值与消费者的身份认同结合在一起，就可以引导观众迅速下单。

挖掘痛点，写出最具有销售力的文案

痛点销售是一种非常受欢迎的营销方式，它需要通过相应的技巧，找出用户的深层需求。这种方法不仅适合传统企业，也适用于互联网行业，而主播同样要掌握痛点销售，因为它能够增加主播的竞争力。

抓住痛点，提升文案的感染力

营销界有这样一句话："初级销售卖特点，中级销售卖优点，高级销售卖痛点。"意思是初级销售往往只知道平铺直叙，把产品的基本信息一股脑儿地告诉客户，却很难吸引客户，因为客户觉得他们不专业。中级销售有一定的从业经验，知道客户通常关注哪些方面，因此在销售的过程中会着重介绍产品的优点。而高级销售非常了解客户的想法，知道客户的真正需求，因此成交率很高。

和线下销售相比，直播的优点是能够一次面对很多客户，头部主播每次开播甚至能够吸引近百万观众。但是直播的缺点也很明显，需要在短时间内打动观众，否则观众就会离开直播间，去其他直播间了。所以，找不到痛点，就没有成交机会。抓住用户的痛点，主播就能打造出爆品。

为了寻找痛点，你应该发掘用户反馈的深层次信息，并且细化用户的需求，然后递进分析，找到真正的痛点。此外，你还可以找到市场上的竞品，通过对比，发现商品的优缺点，在直播的时候对比两个产品的不同点，让观众认为这就是他们需要解决的痛点。

通常来说，能够满足用户某种需求的才能叫作解决用户的痛点，因此频繁使用的刚需产品最具备成为解决用户痛点的潜质。这些产品在我们的生活中比比皆是。例如一个房产销售人员，经常需要带领客户去看房，那么电子地图对他来说可能就是频繁使用的刚需产品，而现有电子地图的缺点，就是他的痛点。

检验痛点是否合格的4U原则

4U原则是美国文案大师罗伯特·布莱在他的畅销书《文案创作完全手册》里提出来的，是用来帮助撰写文案标题的，主播也可以用这套方法来验证痛点是否合格。4U原则分别是Urgent（急迫感）、Unique（独特性）、Ultra-specific（明确具体）、Useful（实际益处）的首字母。

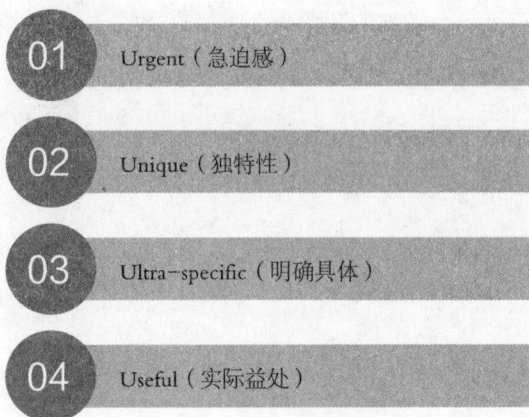

01 Urgent（急迫感）

02 Unique（独特性）

03 Ultra-specific（明确具体）

04 Useful（实际益处）

图4-3 4U原则

1. Urgent（急迫感）

急迫感会更容易促使用户购买产品，他们会给自己一个理由：现在不买，以后可能就买不到了。限时、限量促销就是这样的原理。主播可以给用户一个明确的时间，使观众产生急迫感。例如："这一款是××品牌有史以来在线上给出的最大折扣，仅限5000份，卖完截止，赶紧下单，晚了就没有了。"

2. Unique（独特性）

独特、神秘的东西，总是能够引起人的好奇心。比如："我长这么大都没见过这样的设计，实在是太好看了！"

3. Ultra-specific（明确具体）

痛点不能模糊不清，一定要清清楚楚地说出来，避免让用户产生歧义。例如："今晚下单的朋友全部都能打2折"就十分明确，而"现在下单都能享受2折"就容易让人产生误解。

4. Useful（实际益处）

痛点是能够给用户带来实际利益的，这样才能让用户产生"买到就是赚到"的感觉。事实上，很多观众在看头部主播直播时，就是怀着这样的心理，经过多次购买，他们对主播的眼光深信不疑，于是成为铁粉。

紧跟热点，拉近与观众之间的距离

热点话题通常自带流量，策划一个好的热点选题，可以让你的直播间人气暴涨，因此，主播应当学会紧跟热点话题，利用热点话题给自己带来流量。那么，我们应该如何利用热点话题？又如何寻找热点话题呢？

蹭热点是主播的必备技能

顾名思义，热点就是人们当前关心的话题，热点可以有很多种形式。因此，蹭热点就成了很多主播的必选项，在平时的直播过程中，顺便提起一些与产品相关的热点话题，例如"××明星同款裙子，现价只需59元"等。

热点可以是新闻，可以是信息，也可以是周边发生的事件等，只要广大群众关注，就可以成为热点。这些热点可以是大众喜闻乐见的，比如科技发展、新品面世；也可以是大众不喜欢的，比如2020年上半年爆发的疫情。总之，大家都在关注什么，什么就是热点。

目前来说，最容易成为热点的话题主要有三种。

1. 娱乐八卦类

娱乐明星的关注度一向都很高，常年都有流量。蹭流量明星的热点还有一个好处，那就是很多明星都有自己的铁粉，这些粉丝们的消费意愿非常强烈，只要看到偶像的同款商品，就会迫不及待地下单。

有些头部主播的人脉比较广，能够找到的资源也很多，他们会直接请明星参与直播，为自己的直播间迅速提升人气。

普通的主播虽然没有这么大的能量，但是对娱乐明星的热点还是要多加关注。

另外，要注意侵权的问题，你可以提明星的名字，但是在未经允许的情况下，不要使用明星的照片、签名等。

2. 节日热点类

节假日本身也是热点，因此成为各家店铺的营销战场。例如每年的元旦跨年、春节发红包、情人节玫瑰、母亲节送祝福、国庆节促销等。

除了这些传统节日以外，商家还自创了一些节日，比如天猫的"双11"购物节、京东的618等。2020年，淘宝直播推出了321直播购物节，从3月21日到3月27日，开启淘宝直播购物节S级大促。这次活动由1个主会场、9个行业分会场、2个权益会场、3个特色会场构成。其中，9个行业分会场分别是服饰、美妆、消电、美家、食品、母婴、国际、珠宝、本地。

3. 热门领域分类

在一些专业领域内，同样有很多关注者。例如军事、财经、体育、互联网、科技、游戏、汽车、房产等，这些领域也经常出现热点新闻事件。作为主播，可以根据自己的产品特点，专门寻找相关的领域，关注该领域的热点新闻，吸引同领域的关注者。

多种途径寻找热点

作为主播，只知道热点还不够，还要寻找热点，以便持续生产优质内容。我们可以从多个网站上搜寻信息，获得更全面的热点信息。

1. 百度风云榜

百度风云榜是百度公司的一种工具，它根据关键词对全国网民的搜索记录进行统计，以排行榜的形式呈现出来，直接、客观地反映网民的兴趣和需求，是最具代表性的"网络风向标"。你可以在上面查询实时热点、今日热点、七日热点等。

2. 百度指数

百度指数是一款数据分析平台，能够为主播提供数据统计和分析服务。打开百度指数，输入需要查询的关键词，便可以得出百度经验的搜索指数，并可以根据时间查看相应的趋势变化，以及查询PC和移动端的趋势变化，还可以精确到全国的每个省份。

3. 新浪每周新闻排行榜

新浪每周新闻排行榜显示了新浪各频道的新闻浏览量情况，也是以排行榜的形式呈现出来。主播可以通过榜单清楚地看到新闻总排行，视频排行，图片排行，国内新闻、国际新闻的点击热度。

4. 微博热搜榜

微博热搜榜也是一种非常实用的工具，它让我们知道当下讨论热度最高的热搜话题。

5. 头条指数

头条指数是今日头条推出的一款产品，和百度指数相比，它有自己的独特之处。头条指数可以用来查询关键词的热度变化，以及关键词的用户画像、地域渗透度等。

6. 营销日历

这是软件新媒体管家上的一款实用工具，你可以根据日期进行查询，在热点尚未爆发时就做好准备。包括传统节日/节气、现代节日/纪念日、营销大事件等。

营造使用场景，制造购买理由

如果只是单纯地介绍产品信息，就像背说明书一样无聊，也就很难提升转化率，因此，你必须学会一些实用性非常强的营销话术。营造使用场景就是一种简单有效的销售方法，它往往能指引用户的使用行为。不同层级的场景会发挥不同流量入口级别的作用，所以，挖掘产品的使用场景是一项极其专业的技能。

描述使用场景，引发观众联想

很多人在做直播时，总是会感到困惑，尽管产品是好产品，但是他们却不知道该如何介绍产品。其实，在写卖点的时候，首先要考虑的是把产品的特点介绍清楚，而不是考虑自己的卖点是否独一无二。使用场景营销，可以有效地解决这个难题。

例如，消费者无法透过手机屏幕闻到香水的味道，必须亲自拿在手上，才能知道自己是否喜欢，所以香水在网上不容易推销。某主播在介绍香水时，特别喜欢营造使用场景，让用户对香水产生非常直观的印象，比如：下过小雨的森林的味道；穿着白纱裙，在海边漫步的女生，非常干净的感觉；恋爱中的少女，开心地去找男朋友，那种很甜的感觉；等等。通过主播的描述，观众们纷纷下单，就连很多原本对香水没有兴趣的人，也在主播的推销下购买了。

当你拿到一件商品时，首先要把商品的卖点都列举出来，其间你可以和团队里的其他人进行讨论，把能想到的所有卖点都写下来，然后进行筛选。你应该从多个角度去体会消费者对这个产品真实的卖点诉求，挑选消费者感兴趣的卖点，而不是你觉得厉害的卖点。最后，通过消费者能够理解的方式把卖点表达出来，也就是营造人们日常使用的场景。

塑造有效场景的三个原则

要想塑造一个有效的场景，必须遵循以下三个原则。

1. 能够触发用户的真情实感

观众的购买决定都是建立在理性和情感上的，因此主播的任务就是分别从理性和情感方面去说服观众。详细讲述产品的卖点是为了从理性方面说服用户，而营造使用场景则是从情感方面打动客户。因此，场景营销必须从情感方面出发，让用户趋向于感性思维。只有真正能触发用户情绪的场景，才是真正的流量入口。

2. 注重细节

要想打动客户，重视细节是必需的。生活本身就是由无数细节组成的，场景式营销也是如此。一般而言，你所描述的使用场景也需要包含很多个细节，这样才能让销售效果发挥到极致。在直播的过程中，主播应当如实地挖掘消费者在现实生活中的场景，然后用语言描述细节，让营销场景变得鲜活起来。

3. 引导购买

营造完使用场景之后，接下来就要引导观众进行购买，来实现我们的直播目标。不要给观众留下太长的思考时间，否则观众的新鲜感就会消失，购买的欲望也会随之消散。

故事型文案更容易打动人心

在电商直播中单纯地讲事实、列数据，可能不会有人相信你，观众会认为你只是在背台词而已，很难吸引人们的注意，更别说沉淀出铁粉了。故事型文案就是这样一种能够吸引观众的工具。如果你会讲故事，就会有很多"剁手党"成为你的忠实粉丝。

好故事让观众产生共鸣

好故事具有触动观众的内心，戳中大众的痛点、泪点或者争议点，让人在不知不觉中发泄情绪，并产生代入感的作用。

人们之所以喜欢听故事，就是因为听故事容易产生代入感。例如：褚橙就是一个极其擅长卖故事的品牌，它围绕着创始人褚时健年过古稀，二次创业的传奇经历，向人们传播了褚橙的精神："人生总有起落，精神终可传承。"很多人在购买之前，首先就被这个故事打动了。如果你也能讲出这样的好故事，同样可以打动观众。如果观众听了以后，主动脑补一出出感人至深的场景，那么你的故事就是成功的。

观众都喜欢听故事，还因为故事很容易理解。试想一下，在如今这样一个信息爆炸的年代，还有多少人愿意费时费力地看广告呢？绝大多数人都是用一种非常悠闲的心态在看直播。如果直播说的东西太深奥、太烦琐，大多数观众可能会马上退出直播间。

因此，在设计文案时，必须考虑到大多数观众的接受能力，尽量减少理解的难度。故事型文案就有这样的魔力。人们对故事有着天然的喜好，一个好故事，哪怕只有短短几句话，也能勾起观众的兴趣，让他们情不自禁地听主播继续讲下去。

生活中，主播需要储备一些好故事，成为一个讲故事的高手。从人物的角度来看，我们可以把故事分为三类：第一，是自己的故事，用来打造自我的IP形象；第二，是客户的故事，用来帮助客户进行宣传；第三，是名人的故事，在直播间中偶尔提一下，可以用来激励粉丝。

总之，故事型文案的作用，就是为消费者营造出一种独特的氛围，使得消费者感到购买的需求。

围绕产品塑造故事的内核

故事型文案的本质仍然是一种营销方式，因此要想让读者感同身受，首先得明确目标受众，看看他们有什么特点。试想一下，在如今这样一个信息爆炸的年代，还有多少人在看直播时愿意费神费脑呢？因此，设计带货文案时，必须考虑到读者的接受能力，尽量减少理解的难度。故事型文案就有这样的魔力，人们对故事有着天然的喜好，一篇优秀的故事型文案，能够让读者情不自禁地读下去，跟着作者的引导和暗示一步步进入彀中。

只有贴近目标消费者，才能用他们能够理解和接受的方式去讲故事。当你明确目标受众之后，就可以通过故事塑造自己的风格，走差异化路线了。

故事型文案可以有多种特征，可能是讲创业、讲梦想的，也可能是讲爱情、讲文艺的。但是归根结底，故事必须围绕着一个内核去展开，这个内核就是：紧紧围绕品牌，契合消费者的需求。

比如，你来到一片梨园中，站在梨树的荫凉下做直播。你在设计故事的时候就可以从两个方面去考虑：一是围绕梨子做文章，例如果园老板的传奇故事，他是如何创业的，在经营的过程中又发生了哪些有趣的事情；二是客户的感受，比如客户与亲人对梨子的评价，对店铺服务的评价等。

第五章
拍摄有趣的带货视频

　　观看直播带货的主要是年轻人，他们喜欢搞怪，喜欢创意，只有有趣、好玩的视频才能吸引他们的眼球。因此，除了要做好日常的直播带货工作外，主播还应该多学习一些拍摄视频的技巧，以便提升视频的观赏性和说服力。

直播脚本是成功的关键

拍电影需要电影脚本，做直播也需要直播脚本。一般来说，制作直播脚本的目的主要有：为观众提供独特的视角和深度，升级粉丝观感，增加粉丝关注度；建立舆论导向，提升主播IP影响力；减少突发状况，包括控场意外、节奏中断、尬场等。

用脚本提升直播质量

很多主播没有这个概念，他们在做直播的时候，都是想到哪里，讲到哪里，完全没有规划，甚至连产品都没有准备好。这样的直播方式可以说是非常粗糙的，往往会让主播手忙脚乱，导致带货率很低。

一场好的直播，离不开一个设计精巧的脚本。这个脚本必须有头有尾，有开篇有高潮，就像一个电影脚本一样。脚本做好以后，主播先浏览一遍，知道大概的内容及直播的重点，然后按照设计的内容直播。这种有计划地直播，能够让内容得到保障，主播的思路更清晰，观众也不会一脸茫然。

在拍电影的时候，都是需要有编剧写好剧本，然后导演和演员通过剧本来规划电影的每一个镜头细节以及台词。淘宝直播也一样，粉丝量少的新人主播通常都是自己写脚本，而粉丝量多的大主播通常都有专门的人负责写脚本。

淘宝直播脚本的四大要点

究竟该如何设计直播脚本呢？下面我们就来谈谈脚本的四大要点。

1. 明确直播的主题

直播必须有主题，这是核心问题，整场直播都要围绕主题进行。主题可以有多种形式，例如正常带货、品牌上新、店庆活动、库存促销等。有了明确的主题，更容易吸引观众前来观看直播。如果没有明确的主题，或者直播内容与主题不符，就很容易导致观众流失。

2. 事先做好宣传

在直播开始之前，我们要事先进行宣传，这项工作也应该写在直播脚本内，从一开始就规划好。可以根据主题制作海报、软文、视频等，然后在多个渠道进行宣传。不能等直播开了以后，再被动地等着流量进来。

3. 简单明了的介绍

在直播过程中，主播要把一些相关信息介绍清楚，让观众清楚地知道他们在看什么、有什么商品、有什么福利等。介绍一件产品，主播通常需要5～10分钟，如果是重点产品，可能还需要更长时间。主播需要在这段时间内进行讲解、演示，然后再把相关的福利和优惠讲清楚。等互动的频率到达一定程度时，再进行一波抽奖，以便让直播间的氛围始终保持稳定，不会出现观众大量流失的情况。

4. 人员的分工和调度

直播需要多方面合作才能做好，其间涉及团队内部各方面人员的配合。包括场景的切换、道具的展示等，都要在脚本上做好标注，时间一到马上进行调度，使直播有条不紊地继续下去。

设计一套简单的直播脚本

从直播小白到头部主播，他们都离不开直播脚本，下面就是一套简单的脚本大纲，可按照格式进行填写修正。

表5-1　直播脚本范例

序号	直播内容	脚本	用时（分钟）
1	直播主题	例：××品牌中式烹饪品鉴会	
2	前期准备	直播宣传，人员分工，检查设备和商品	
3	开场预热	进行自我介绍，与观众打招呼	
4	品牌介绍	介绍店铺和品牌，让观众关注店铺	
5	产品测评	讲解产品的各个方面	
6	观众互动	故事分享，阅读留言，在线答疑	
7	抽奖	抽取奖品，并且进行用户问答	
8	结束语	再次强调品牌和店铺名，引导关注，发布下次预告	
9	直播复盘	发现问题，优化脚本	

需要注意的是，每个主播要面对的实际情况都不一样，包括个人习惯、商品特性、粉丝特征等，所以直播脚本没有标准的答案，它需要你在直播过程中不断摸索，不断修改，最终才能找到适合自己的。

直播视频布局的三个要点

直播是一个内容为王的行业，只有提升视频质量才能得到人们的认可，进而提升主播的热度。内容粗制滥造，逻辑混乱，对于用户而言就是一堆垃圾，没有任何可看性，所以主播应当加强自己视频的布局能力。具体可以从以下几个方面着手进行。

突出视频的层次感

无论是专业的电影摄影师，还是从事带货的主播，都希望自己拍出来的视频看起来更有层次感，这就需要我们在表现手法上明确主次关系，视频的内容和画面都要符合观众的个人习惯。

1. 内容层次感

内容的层次感是指视频内容的表现次序，层次感分明的视频更容易被观众看懂。要想表现出内容的层次感，首先应该纵览全局，优化选题内容。选题优化要做到个体和整体兼顾，一方面精挑细选素材，另一方面注重整个视频的内容结构。

2. 画面层次感

视频的每一帧画面也都应该有层次感，这通常会成为一些主播的优势，借助于优秀的摄影技术，他们在画面的美感上将远远超越其他主播。

首先，我们可以从画面构图入手，学习最常用的黄金分割线构图法。所谓黄金分割，就是按照1∶0.618的比例，对画面进行划分，然后将被摄物体置于等分线上或是汇合处。如图5-1所示。

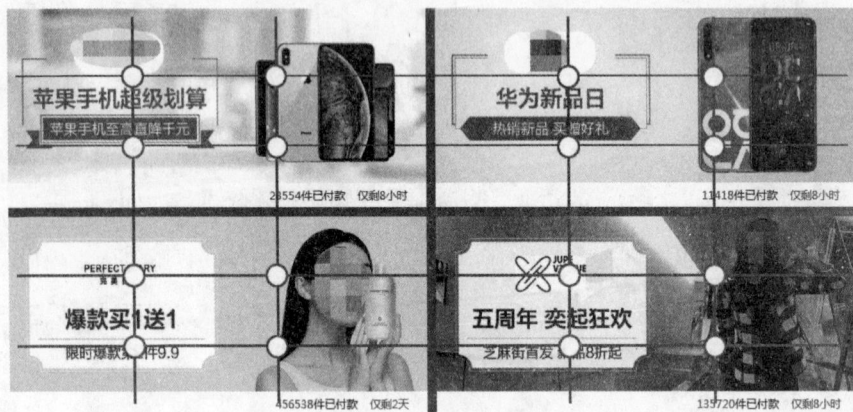

图5-1　黄金分割线构图法

另外，在拍摄的过程中，我们还应该合理使用标准镜头、广角镜头和远摄镜头。标准镜头水平视角范围和人眼相近。广角镜头可以拍摄较大的场景，但是容易丢失细节。远摄镜头可以把远处的景色拍摄得更近，就像望远镜一样。在拍摄时，先确定拍摄位置和角度，预先调节曝光量及焦距，争取在短时间内拍摄完毕，这样拍出来的视频会显得更自然一点儿。

提升视频的品质感

虽然直播视频的内容长短不一，但是也要做出品质感。最常用的方法就是对场景进行布置，它能够显著改善视频的质量。

　　首先，直播的选景非常重要，如果在户外进行直播，就会给背景布置带来极高的难度，布置室外背景的时间成本以及金钱成本都很高，普通的主播很难办到。更重要的是，户外的光源主要是太阳，你很难对阳光进行精确控制，于是就很难布置出想要的效果。这也是为什么视频拍摄大多在室内进行，如电影拍摄就在摄影棚内进行。你可以用墙面来当背景，如果觉得墙面太白，也可以把墙面刷成自己想要的颜色，或者通过增加一些书架、花卉、照片等来装饰墙面。这些方法成本低、效果明显，非常适合一些短视频的小团队来操作。

　　其次，要学会对场景进行布光，根据产品的质感，灵活运用主光、辅助光、背光、侧光、实用光源等。

　　在拍摄表面光滑的产品时，如镜子、玻璃、金属制品等，由于物体表面反光严重，因此要注意光线的入射角度，避开让光线通过产品表面反射进镜头中，并且尽量不要用直射光去照射，以免曝光过度。

　　在拍摄表面粗糙的产品时，如棉麻衣服等，可以多使用直射光，直射光比散射光更能生动地表达棉麻的质感。

把握视频的节奏感

　　节奏感对于视频的观赏性非常重要，它作为视听审美要素中重要的一环，贯穿在视频后期剪辑的各个环节之中。节奏感好的视频，可以让观众获得良好的心理体验，用美美的心情看视频；反之，节奏紊乱的视频，会让人看不懂视频在说什么。

　　通常，画面的节奏感主要受内部节奏和外部节奏两个方面的影响。

　　第一，内部节奏是由很多个要素组成的，包括视频的情节、人物动作、情感变化等，这些要素的排列和组合，会使人产生一种特殊的感觉。这些都需要从整体上进行把握，剪辑应该是为视频的内容锦上添花，为视频的中心思想和美感服务。重点是安排好视频的结构，在上下内容过渡上采用一些引人注意的镜头或根据内容需要运用一些象征性的空镜头，使人感到有段落感。

第二，外部节奏主要是指视频的声音，包括主播的解说、背景音乐、特效声音等，主播要掌控好视频的外部节奏，使音乐和画面交融在一起，为用户呈现一场完美的视听体验。

淘宝直播切片的录制和使用

　　淘宝直播切片是淘宝推出的特色模块，以短视频的形式呈现出来，它可以把直播过程中的精华截选下来，然后发布到网上，以便观众随时观看。直播切片通常时间很短，只有几分钟，因此它可以推动直播间的内容精品化，使直播的内容更有计划性和框架性。

短小精悍的直播切片

　　我们知道，直播都是即时发生的，我们观看到的画面，正是主播用手机拍摄的画面。一场直播通常长达几个小时，其中可能有一些片段的表现非常适合观看，通过淘宝直播切片，我们就可以将这部分内容单独剪辑出来。

　　如图5-2所示，当主播正在直播的时候，我们可以点击商品缩略图下方的"看讲解"，即可播放直播切片。

　　如果你想结束观看，可以点击下方的

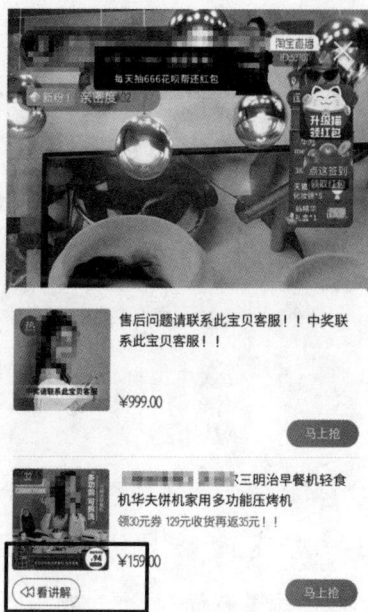

图5-2　播放直播切片

"回到直播中"。如图5-3所示。

为了保证内容的精练，通常人们会让直播切片和商品一一对应，以便为商品的内容增加更真实和专业的解说，提升商品的转化率。录制好的直播切片，可以提供给频道内，例如切片主题、聚合H5、焦点图等。也可以分发给各个平台，例如商品详情页、爱逛街、有好货、微淘、猜你喜欢等，进行内容的二次利用。

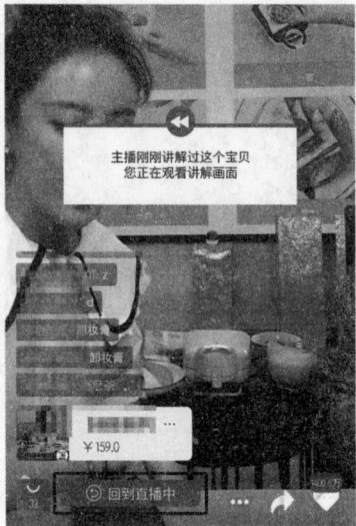

图5-3　结束直播切片

如何录制淘宝直播切片

录制淘宝直播切片的方法很简单，主播在讲解宝贝的过程中即可轻松完成。具体步骤如下。

（1）手机淘宝版本更新到最新版。

（2）在淘宝直播的主播端找到"宝贝讲解"，选择需要讲解的宝贝，然后开始录制，界面提示"正在讲解中"。

（3）点击"结束讲解"，内容会自动保存。

（4）在左下角宝贝中，购物袋会把录制好的切片标记为"宝贝讲解"。

（5）观众点击标记的按钮就可以观看了。

需要注意的是，为了保证直播切片的内容质量，在录制的过程中，主播应当保持专注，尽量不要谈跟商品无关的内容。时间尽量控制在5分钟以内，多讲一些自己的亲身感受，尽量不要使用"限时秒杀"等促销语言。

每场直播最多允许发布10个宝贝切片，所以主播要珍惜切片的使用，不要滥用。尽量选择那些可能成为爆品的宝贝，然后针对它们录制直播切片。

拍好带货视频的五个原则

拍摄一个好的视频，重点是懂得用户的痛点，并且拍得十分有趣，让观众看过之后想立即下单。下单率上升了，流量加权重自然就会随着上升。目前，淘宝直播的视频拍摄受到很多限制，无法像电视广告一样专业，在拍摄时必须遵循以下原则，以便尽可能地提升视频质量。

确定视频的内容和风格

发布在淘宝直播上的视频内容必须和店铺的整体策划方案有效结合，以便更好地向公众展示资源、功能、服务和优势，所以在拍摄之前要先确定视频的内容和风格。主播需要将自己最突出的优势展现出来，例如有的主播颜值较高，可以选择刷脸、卖萌等方式，增加观众的好感；有的主播有一技之长，可以在介绍产品时穿插一些唱歌、跳舞的片段；还有一些主播幽默感较强，可以在视频中多讲些段子。

重视视频的拍摄细节

在每一次直播中，分配给每个商品的时间通常只有几分钟。在这短短的几分钟之内，主播必须让观众看到有效信息，所以必须重视细节，在展示商品时，要对商品的质感、形状、颜色、尺寸等信息进行诠释，通过这些细节，消费者才能深度了解你的商品，最终放心购买。

学会使用不同的搭配

拍摄视频时，主播需要根据产品的特性进行搭配，这样可以避免画面单调。例如，同一款衣服，通常都有几种不同的颜色，所以商家在拍摄视频时，最好根据衣服的颜色，选择多种组合的搭配。最简单实用的颜色是黑、白、灰，无论它们与哪种颜色搭配，都可以轻松出效果。但是在搭配的时候，主播也要想清楚拍摄的主体是什么，要围绕主体进行搭配，而不能让其他辅助的东西喧宾夺主。

学会使用参照物

直播的一个好处就是直观，衣服穿在模特身上，消费者通过模特的身高、体重等就能知道，衣服是否也适合自己。在拍摄视频时，依然可以延续这种优势。例如，在拍摄一个女士手包的视频时，可以用手机、口红等女士常用的物品当作参照物，让观众对手包的尺寸、质感、容量等都能产生更多的了解，从而迅速决定是否购买。

减少镜头的晃动

在拍摄视频时，一定要避免出现镜头随意晃动的情况，这是十分不专业的。但是使用手机拍摄时，我们很难控制双手的抖动。这时，我们不妨使用一些辅助工具，例如手持稳定器、三脚架等，它们可以让你的视频质感突飞猛进。例如，使用手持稳定器帮助拍摄，这种稳定器可以把手机装在上面，利用三轴云台和陀螺仪稳定手机，可以让手机镜头始终保持稳定，即便是在跑动过程中，也可以大幅降低抖动，拍出更好的画面。

淘宝视频的五个拍摄小技巧

使用手机拍摄视频可以说是家常便饭了，但是大多数人拍出来的视频都惨不忍睹，视觉效果很差，看完之后完全无法让人产生下单的欲望。所以，我们必须学会一些简单的拍摄技巧。

合理掌握直播切片的时间

直播切片通常在25～60秒，有时也可以适当延长一点儿时间，最长不要超过5分钟。要在短时间内对产品做出深入的讲解，是一件非常不容易的事情。因此，一定要控制好视频的节奏，在视频开始后的10秒钟之内，一定要切入主题，以免用户失去耐心。

尝试多种拍摄角度

大多数主播都是采用正常角度拍摄短视频，其实，如果稍微改变一下拍摄角度，可能会让视频产生意想不到的效果。例如把镜头放在较低的位置，由下而上拍摄，或者放在较高的位置进行拍摄，会有意想不到的惊喜。

拍摄中谨慎对焦

和专业摄像机相比，手机的对焦功能显得比较差，所以在调整焦点时，可能会出现画面由模糊到清晰过渡的过程，影响画面的质量。所以，如果不是刻意为之，在按下摄像键之前，最好关掉自动追焦的功能。此外，还要先找好对焦点，避免在拍摄的过程中再次对焦，从而保证画面的流畅度。

弱光环境下拍摄注意光线

拍摄短视频对光线的要求很高，尤其是在弱光环境下，手机拍摄的视频中很容易出现噪点，影响美感。最好使用专业的摄影灯，在没有专业设备的情况下，最好借助周围的灯光，如路灯、公交站的广告灯、室内灯光等。你可以将灯光从正面照射在拍摄对象上，也可以逆光拍摄，让物体和背景形成对比。

切换场景和添加时间特效

拍摄视频时，我们需要选择合适的场景，即使是同一个场景，用户也可以不失时机地换个背景，例如将镜头从远处向近处推进，或者将镜头拉远，甚至可以斜着拍，这样做的目的是避免画面过于单调。

第六章
与粉丝互动，建立用户忠诚度

"二八定律"告诉我们，80%的利润通常是由20%的顾客创造的，这部分消费群体就是主播的忠实粉丝。学会与粉丝互动，可以帮助主播迅速提升用户的忠诚度，培养一批忠诚的铁杆粉丝。因此，要想成为一名优秀的主播，除了需要具备高智商以外，更应该具有超常的情商，掌握一些实用的直播互动技巧是非常重要的。

区分粉丝是吸粉的第一步

直播运营的核心是吸引粉丝，并且对粉丝进行精细化管理。可以说，评判直播成功与否的首要指标就是粉丝数量。在直播的过程中，主播需要和粉丝进行互动，但是不能一味地讨好粉丝。坚持自己的个性，用独特的方式与粉丝进行交流，是吸引粉丝、提升粉丝活跃度的关键。

对直播间人群进行区分

我们第一步要做的，是对那些来观看直播的人进行区分，然后找到真正有购买力的人群。根据观看直播的目的，我们可以将人群分为主播团队、铁杆粉丝、普通消费者、围观群众。

1. 主播团队

主播团队，是为直播提供各种技术保障的人，即负责运营直播的人员，主播可以让这部分人点赞、转发、积累人气，但是他们属于工作人员，一般不会产生购买力。因此，在计算购买力人群时，首先要把这部分人排除在外。

2. 铁杆粉丝

铁杆粉丝，通常被称为"铁粉"，他们是最支持主播的一群人，也是购买力最强的群体。美国《连线》（*Wired Magazing*）杂志创始主编凯文·凯利曾经提出过一个著名的"1 000铁杆粉丝原理"：一个人只要有1 000名铁杆粉丝，就可以衣食无忧。可见，铁杆粉丝的贡献力是惊人的。如果主播能在淘宝直播上积累1 000名铁粉，那么带货效率就不用愁了。

3. 普通消费者

直播间的观众流动量很大，很多人只是看了一眼，就退出了直播间。也有一些人看了主播的推荐，觉得很适合自己，于是下单。但是他们的下单频率不高，有很多人或许只会在主播这里下单一次。这类人群，我们可以将其划分为普通消费者。

4. 围观群众

还有一类观众，他们也喜欢看直播，但是几乎不下单。与购物相比，他们更享受观看直播的过程。这部分人可以称为围观群众，虽然他们的下单率不高，但是他们能够为直播间带来极高的流量，因此主播同样需要维护好这部分观众。

先涨粉，后引流

做直播引流的正确思路是什么？有的人认为变现率是第一位，便把线上直播和线下营销等同起来，认为直播的唯一目的就是带货。实际证明，这种思维不符合线上经济的规律，先涨粉，后引流才是正确的做法。如果你连基础粉丝都没有，又谈何引流呢？更别提变现了。先涨粉，后引流才是直播运营的长久之计，只要粉丝数量涨起来了，就不缺精准的意向客户。

先涨粉，后引流，可以取得很好的效果。首先，这种方法能够帮助主播筛选流量。主播用心制作内容，得到平台的推荐，对此类商品感兴趣的人就会关注，其中一部分人还会成为铁粉。淘宝直播之所以在电商直播中占有重要地位，其中一个原因是他们鼓励主播做垂直定位的内容，这能够帮助主播精准吸引粉丝，而且这些粉丝的购买力通常都很强。

如何利用内容涨粉呢？首先要定期更新高质量的内容，因为生产高质量的内容是做好直播的关键。在前期，直播的质量或许不高，不过这并不要紧，关键是坚持下去，渐渐地越做越好。按照目前的常规直播规定，建议最低不要少于三个小时，按目前淘宝直播间的规则来说，低于三个小时基本上等于没有直播。尤其是浮现基于实时热度计算，很多时候直播一两个小时才有浮现提升，流量才会进来，直播时间太短，或者长时间没有直播，就很难获得流量。

很多主播起初也没有经验，但是经过长时间的持续更新、持续优化，直播越做越好，粉丝对主播的好感度也越来越高。就像今天一个人第一次出现在你面前你还会有警备心，但如果出现的次数多了，你自然而然会把他当成熟人，从而降低防备心理，这是一样的道理。而一旦粉丝对你有了信任，自然就会毫不犹豫地加你，在下单的时候也不会有什么顾忌。

定期更新，让粉丝养成习惯

　　培养用户习惯是很多运营人员的任务，很多主播虽然没有学过相关课程，但是也在无意中从事着类似的工作。那么，培养用户习惯究竟有什么作用呢？应该从哪些方面入手来培养用户的习惯呢？

用户习惯决定带货效率

　　从生物学意义上来说，习惯能够让我们识别出一套有价值的行为模式，大脑无须思考，就会下意识地执行自动程序。就像我们在吃饭的时候，大脑不需要思考，手指就会按照习惯的方式抓起筷子。

　　在直播运营过程中，保持定期更新是基本的要求，它的主要目的是培养用户习惯。很多时候，决定主播差距的不是他们的能力，而是他们的粉丝是否养成了一些固定的习惯，包括固定收看直播的习惯，根据主播的推荐购买商品的习惯等。

　　但是要培养用户习惯是非常不容易的，事实上，要培养用户习惯，通常必然需要改变用户的其他习惯。大多数人连早睡早起这样简单的生活习惯都做不到，更何况是让消费者养成掏钱购物的习惯呢。所以主播必须先正视这件事情的难度，抱着勇于犯错的心态多次尝试。

如果你不掌握一些具体的方法，就无法让观看直播的用户养成固定的习惯，并且成为你的铁粉。让观众养成了习惯，他们就会不由自主地来到直播间，跟主播一起分享喜怒哀乐，一起欣赏主播推荐的商品，最后一起完成下单。

让粉丝养成习惯的三个方法

要想让粉丝养成习惯，可以运用以下三个方法。

1. 给粉丝一个暗示，激发粉丝的需求

拿到商品以后，要对商品进行深入的分析，从中找到能够打动用户的痛点，利用痛点营销来制造暗示，激发粉丝对商品的购买欲。例如，对于一款美妆类产品，主播可以专门强调："对于初学化妆的女生们来说，这款产品真的非常实用。"这就是对粉丝的暗示。

很多主播喜欢使用一些大而空泛的理念，但是效果通常不怎么样，因为这些理念无法对粉丝形成暗示，它们或许听起来很先进，但是无法解决用户当前的痛点。

2. 提供能够让粉丝满足需求的客观条件

如果只是单纯地暗示用户，依然不足以让用户形成看直播的习惯，主播还需要为他们提供进一步的服务。当粉丝动心以后，甚至听从主播的建议把产品买了回去，主播团队需要确保用户在这个过程中能够获得良好的体验。否则，一次失败的购物体验足以击垮粉丝的信任感。

3. 向粉丝提供奖赏

经过了前面两个步骤，粉丝已经对主播产生了一定的信任感，开始偶尔观

看直播，但是此时粉丝们对主播的好感度有限，无法保证让他们成为铁粉，因此，接下来要做的就是让他们把观看直播当成一种习惯。如果粉丝持续跟进直播，主播可以给他们一定的奖励，以便充分激活他们的积极性。

粉丝分层，设置亲密度玩法

亲密度玩法是淘宝直播的一个特色玩法，根据粉丝和主播之间互动的频率，转化为相应的等级。等级越高，说明粉丝的转化率越高，主播可以针对这部分高等级粉丝发放福利和优惠券，以便吸引更多铁粉。

开通粉丝亲密度

复制网址https://liveplatform.taobao.com/live/live%20detail.htm，在浏览页中打开，便可以进入淘宝直播的中控台。如图6-1所示。

图6-1 淘宝直播中控台

在网页左侧的导航栏中，找到"账号设置"—"粉丝亲密度"。如图6-2所示。

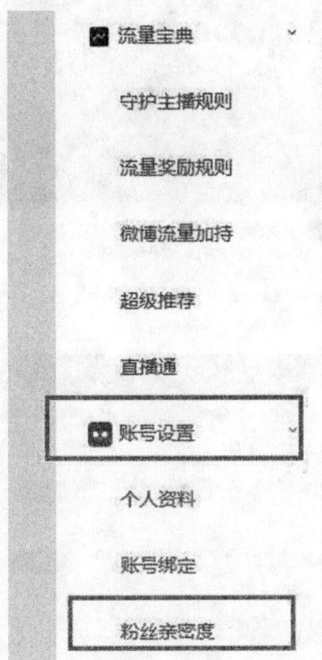

图6-2　"账号设置"—"粉丝亲密度"

将网页右侧的正文内容拉到底部，点击"一键开通"，即可开通亲密度玩法。

当主播开通了亲密度玩法以后，粉丝即可在直播间看到与当前主播的亲密度，并且可以根据指示完成每日任务，领取相应积分。每个任务完成后，粉丝会收到相应的亲密度分值变换提示。如图6-3所示。主播可以在直播过程中对粉丝进行引导。

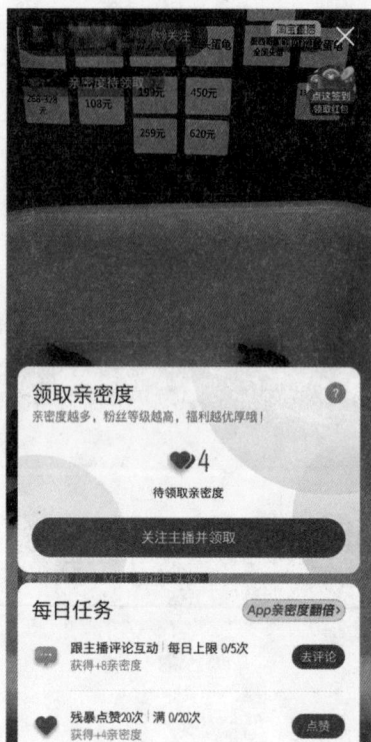

图6-3　领取亲密度

粉丝亲密度等级及积分制度

淘宝直播按照亲密度将粉丝划分为新粉、铁粉、钻粉、挚爱粉四种类型，每一类粉丝的对应等级和分值区间见表6-1。

表6-1　粉丝亲密度等级

对应等级	等级数量	分值区间
新粉	★★★	0～499
铁粉	★★★★	500～1499
钻粉	★★★★★	1500～14999
挚爱粉	★★★★★★	15000+

粉丝每日完成任务，粉丝亲密度就可以升值，如表6-2所示。分值累积达到规定值，就可以自动升级。

表6-2　粉丝亲密度积分制度

亲密度加分项	分值
直播签到	+2分值
累计观看4分钟	+4分值
累计观看15分钟	+10分值
累计观看35分钟	+15分值
累计观看60分钟	+20分值
关注主播	+10分值（仅限首次）
发表评论	+4分值（单日上限5次）
分享直播间	+5分值（单日上限5次）
点赞满20次	+10分值（单日上限1次）
访问商品详情页	+5分值（单日上限1次）
每次购物达10元	+1分值（可累积）

不过，粉丝亲密度的增加是有限的，根据粉丝等级，每天最多只能累积一定分数，超出部分的分数无效。如表6-3所示。

表6-3　粉丝亲密度每日领取上限

对应等级	等级数量	单个主播亲密度每日上限
新粉	★★★	200
铁粉	★★★★	300
钻粉	★★★★★	400
挚爱粉	★★★★★★	1 000

　　根据粉丝等级，主播可以设置相应的互动权益。正式开播时，主播可以针对粉丝等级，在PC端中控台进行设置，发放铁粉、钻粉等高等级用户才能领取的优惠，如红包、优惠券、淘金币等。

设置淘宝直播印记

直播印记是淘宝官方为了方便用户观看淘宝直播而特别推出的功能，它相当于主播在直播间面向全体观众发布的公告。不过，很多淘宝主播都不知道直播印记在哪里，以及如何设置直播印记。

淘宝直播印记的作用

那么，淘宝直播印记在哪里呢？

我们可以打开淘宝直播App，任意选中一个直播间，然后将屏幕向右滑。如果主播已经开通了直播印记，我们就可以看到了。向左滑则是直播间清屏功能，直播间的所有小模块都会被隐藏，只留下主播的直播视频。如图6-4所示。

淘宝直播印记就是直播间的公告栏，很多主播对它不感兴趣。但是在一些较大的直播间内，由于观看直播的人数比较多，主播可能无法及时回答观众的问题，

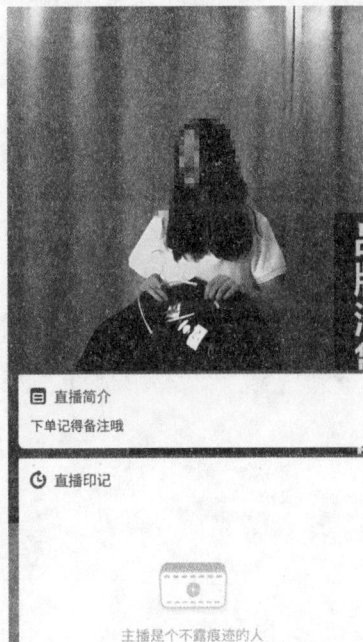

图6-4 淘宝直播印记

就需要用到淘宝直播印记了。我们前面提到，直播印记其实就是公告，主播可以在直播印记中标注一些商品的优惠活动、抽奖信息等，通过这个功能，可以让观众更方便地了解相关信息。因此，设置淘宝直播印记是很有必要的。

轻松设置淘宝直播印记

其实，淘宝直播印记的设置非常简单，主播可以在淘宝直播中控台中进行设置，因为直播印记和直播预告是一起设置的。

（1）在PC网页中输入网址https://liveplatform.taobao.com/live/live_detail.htm，进入淘宝直播中控台。

（2）点击发布直播预告，第一页填写直播时间、封面图、直播位置等基础信息，第二页填写直播简介。

（3）设置好直播预告及直播简介后，相关内容便会在直播印记上显示出来。

与观众互动的语言技巧

与观众互动是主播的日常工作，除了介绍商品以外，主播还要和观众聊天，这样才能让直播更有人情味儿。如果不会聊天，直播就会冷场，因此必须了解直播时的互动技能。直播技术很重要，如果你还不知道，不妨学学下面几招。

用正能量和笑容迎接观众

对于很多观众而言，看直播就是一种娱乐方式，能够让他们在忙碌的生活之余获得短暂的休憩。观众们希望从主播那里获得一些心理安慰，以便舒缓生活中的不如意。这时，主播一定要用笑容感染他们，让他们从你身上看到一种兴奋与快乐，从而调动起他们的情绪，使得他们愿意和你交流。

主播不可以挑剔观众，更不可以与观众发生争吵。相反，主播应该把感谢挂在嘴边，经常感谢自己的观众，例如"谢谢各位的支持与厚爱""如果觉得好，请大家给我点个赞"等。这样说话会让观众感觉主播的情商很高，而高情商的人总是更容易受到欢迎。

提前热身，储备话题

互联网时代讲究的就是一个"快"字，主播获取信息的速度要快，适应环境的速度也要快。在正式开播之前，主播就要提前做好准备，一方面熟记产品的相关信息，另一方面了解与产品相关的时事热点。另外，主播还要对社会上发生的热点事件有所了解，比如近期上映的电影、娱乐明星的新闻等，作为直播的储备话题，避免突然冷场。

有些主播如果天生内向，则更容易在直播时冷场，为此可以在直播之前练习一下。你可以站在镜子面前，对着镜子里的自己微笑，并且说话，争取在几分钟内完成热身，进入直播状态，在观众面前更好地展现自己。

拉近和观众的距离

很多人以为，电商主播只要会带货就行了，其实不然。在现实生活中，就算主播没有好的产品渠道，进入直播的时间很晚，也没有商家的包装，但是只要他们会聊天，就一定能取得不错的成绩。因为情感诉求也是观众的刚需，他们来看直播，一方面是想看看能否领取优惠券，另一方面是希望跟主播互动时获得心理满足。只要主播能够满足这两点需求，就一定能大火。那怎样才能拉近和观众的距离呢？主播可以通过谈论身边发生的趣事，将一些生活经历分享给观众，或者找到与观众的共同点，例如兴趣爱好、饮食习惯等。

不要把话说得太满

很多主播在聊天的过程中，总是喜欢说出非常肯定的话，想要给观众留下一种非常健谈、优秀的形象，然而他们给观众的很多承诺，根本做不到。一个成熟的人懂得不把话说得太满，在直播的过程中，主播要给自己留一点儿余地，不要使用绝对化的口气，这样才可以随时调整自己，进退自如。相比之下，引导粉丝说话才是更重要的，主播要懂得循序渐进地引导粉丝说话，让他们把自己的需求说出来，这样更有利于销售工作的进行。

善于使用肢体语言

肢体语言是一门有趣的课程，善于使用肢体语言，可以在无形中集中粉丝的注意力，提高主播的说服力。下面我们就来学习一些网络上常用的肢体语言。

- 招手：打招呼，欢迎
- 剪刀手：卖萌
- 心形手势：感谢
- 吐舌头：调皮
- 单眼眨动：诱惑
- 握拳：表示决心、力量感

主播化身高能段子手

和秀场直播、游戏直播相比，电商直播通常都是比较严肃的，主播除了带货以外，很少能在直播间做其他的事情。如今电商直播已经成为一个热门的行业，观众对主播的要求也越来越高。首先主播必须拥有过人的口才，会讲段子，会逗乐，会调动现场的气氛，让整个直播过程轻松愉悦。事实证明，会讲段子的主播很容易成功，因为幽默搞笑永远都不会过时。

那么，如何锻炼自己的口才，熟练地讲出令人捧腹大笑的段子呢？下面就是一些讲段子的技巧。

打破思维定式

人们的思维方式通常都是有规律的，打破这种思维定式，可以达到意想不到的效果。例如下面几个段子：

（1）室友养了盆仙人球，今天我不小心给碰了下去，我飞快地伸出手抓了回来，啥也不说了，就是这么勇敢。

（2）男生说什么话会让女孩子觉得特别大气？答案是：买！

（3）什么是朋友？就是放桌子上的钱不会丢，放一包瓜子回来就剩一堆皮了。

（4）我已经不是那个花五十块钱也要考虑很久的小可爱了，我现在花五块钱都要深思熟虑。

这几个段子就是通过打破常规的思维方式，营造出一种特别的幽默效果。前面的句子是人的正常思维，但是后面的句子却和读者的心理预期相反。接住仙人球本来是件好事，但是仙人球上有刺，接住了肯定会伤手，可谓乐极生悲；朋友不会拿你的钱，核心是信任，但是不经同意吃掉瓜子却不能称为信任。

学习网上的套路

网上有很多段子，用在直播中效果非常好，例如新浪微博上的一些搞笑博主，每天都会发送各种各样的段子，完全可以成为主播的学习教材。主播应当对讲段子的套路有所了解，平时多关心一些时事热点，可以对一些著名笑星的热门视频、热门段子等稍做修改，然后用在自己的直播间内。或者是针对大家讨论的热点话题，发表一些有深度的观点，这也是一个不错的方法。

调侃粉丝

幽默不一定必须要主播自娱自乐，有时调侃一下粉丝，跟粉丝形成互动，也可以达到很好的效果。这么做的目的是要学会用自己的幽默与智慧化解直播间的尴尬，在直播间内进行适时的调侃，增加直播间的话题性。但是调侃粉丝需要注意分寸，不能用歧视性的话语，也不能用脏话，否则会给人留下不好的印象。

学会自嘲很重要

喜剧表演的本质就是对现实的解构，而自嘲就是其中的一种方法。自嘲是最没有风险的讲段子方法之一，调侃别人可能会引起别人的不满，但是自嘲却不会。讲段子的时候，可以把调侃对象变成自己，以减少段子的攻击性，同时还能博得粉丝的认可，让粉丝认为你是一个乐观、大度的人。另外，自嘲是一种心态，也是一种能力，时不时自嘲一下，既可以反思，也可以警示自己。

用方言讲段子

对于主播来说，掌握一门方言非常重要。很多方言的特征非常明显，因此听起来自带幽默效果，例如四川话、东北话、河南话等。主播可以偶尔用方言讲一两个经典段子，以便达到娱乐的效果，还可以瞬间拉近和粉丝的距离，增加自己的喜感。

巧妙化解粉丝的负面情绪

在直播的过程中，负面情绪的累积会直接影响直播的效果，因此，优秀的主播们始终努力维护正面情绪，从来不会让直播间的粉丝们表现出沮丧、生气、烦躁等负面情绪，而是会让粉丝们感到惊喜、兴奋、紧张等。

因为粉丝的负面情绪会被其他观众看到，形成一传十，十传百的效果。有时候，粉丝的负面情绪累积过多，会扰乱直播间其他粉丝的心情，给主播带来很大的麻烦。因此，主播应当学会消除粉丝的负面情绪。

负面情绪很普遍，在任何一个直播间内都有可能出现。有时，主播可能只是犯了一些小错误，比如念错了一个字，拿错了一件商品等，就有可能被粉丝骂，这都是正常现象，因为在网络上，人们的情绪被放大了。这时就体现出主播的修养了，如果主播选择跟粉丝对骂，就会给人留下脾气坏、心智不成熟的印象，这会给主播的个人形象带来很大的损失。

那么，主播该如何消除粉丝的负面情绪呢？可以从以下几点着手进行。

面对差评，先要忍住脾气

作为一名专业的直播人员，看到任何差评，都应该做到面不改色心不跳，同时在心里默念"冲动是魔鬼"。不管粉丝的负面情绪多么大，哪怕整个直播间都被污言秽语刷屏了，主播都不能发脾气。如果你选择骂回去，你不仅会被人认为个人修养有问题，还会被平台以行为不当、影响平台形象等原因处罚，可以说是得不偿失。

产生误会，主播先道歉

作为主播，要记住无论什么时候都不要和粉丝争吵，看到直播间里的粉丝发出不满的评论时，先有诚意地进行道歉。你只有以真诚的态度面对粉丝，粉丝的情绪才能够得到缓和，这有助于问题的解决。当粉丝的心情平复下来以后，主播再去处理问题，比如告诉粉丝出现问题的原因是什么，应该如何解决。

争取用服务弥补粉丝的不满

如果粉丝对问题的意见很大，而且已经闹到了非常严重的地步，甚至大批粉丝一起刷屏，这说明问题已经很严重了。这时主播的首要任务就是回应粉丝的诉求，主播要就事论事，心平气和地向粉丝询问他们遇到的问题，以及产生不满的原因。在了解到粉丝不满意的原因之后，主播要善于去解决问题，消除顾客购买商品后的困扰，比如为顾客提供包邮退换商品、退部分货款、赠送代金券等服务，让粉丝对你的店铺重新树立信心。

重申店铺立场

每次直播结束时，主播都应该对观众重申店铺的立场和服务，让观众知道在直播间里购物是有保证的，遇到问题可以申请退换货，而且客服也很高兴为大家服务。然后对顾客的下一次光临表示欢迎，以便让大多数观众感到满意。

第七章
全平台引流，瞬间提高曝光度

　　全平台引流，简单来说就是利用各种网络平台和渠道，将用户吸引到直播间里，从而提升带货率。根据网络平台的不同，引流也呈现出不同的特点。本章将会对一些常用的网络平台及引流方法进行介绍，帮助读者掌握一些基本的引流技巧。

店铺直播引流的两个部分

直播开通了之后，并不代表就万事大吉了。有流量的地方才有生意，当你只有寥寥数位粉丝时，不要奢求会有多大的成交量，此时你应该考虑的是不停地发布内容，不停地吸引粉丝，让更多的用户来看直播，这个过程就是引流。那么，直播引流究竟是从哪里来的呢？

流量的来源

通常，我们把流量的来源分为两种：公域流量和私域流量。

1. 公域流量

公域流量，就是指淘宝官方的展示渠道，包括有好货、必买清单、手淘搜索、每日好店、淘宝直播等。公域渠道是由淘宝官方控制的，是基于规则、算法后由系统推荐呈现的，商家和主播无法直接管理或干预。

作为直播平台，淘宝官方在提供公域流量时，会兼顾头部主播和新人主播。一方面，淘宝会将大部分资源向头部主播倾斜，因为头部主播的能力很强，带货能力有保障。另一方面，淘宝又会给新人主播一些福利，例如一定期限的浮现权，通过这种方式来扶持新人主播，避免他们被头部主播碾压。这样做的目的很简单，就是要帮助优秀的主播提高关注度，让他们能更好地带货。

淘宝公域流量的推荐方法和头条相似，二者都是分步骤进行的。首先，淘宝官方会将主播推送给一定数量的用户，如果收看率、满意度等各项数据都很好，系统就会加大推荐力度。反之，则会停止推荐。一般来说，淘宝直播间的成交转化率越高，点赞、评论越多，用户观看的时间越长，关闭的比例越低，能获得的公域流量就越大。因此，获得公域流量的关键还是要靠内容，把内容做好，延长观众的停留时间，刺激观众购买，这样淘宝才会把更多的公域流量向你倾斜。

2. 私域流量

和公域流量不同，私域流量并非由淘宝提供，而是主播自己运营获得的流量，例如微淘、问大家、买家秀等。这些区域虽然都是由平台提供的，但是我们依然可以努力争取。主播一定要提升自己对私域流量的运营能力，当私域流量积累得足够多时，便会对公域流量产生影响。

获取淘宝直播私域流量的方式通常有以下两种。

（1）微淘。微淘在自运营渠道中是最简单、最容易入手的，它能把所有信息同步，一方面让粉丝看到主播在直播间发布的内容，另一方面将直播间的活动信息同步到微淘，这样也能带来更好的私域流量。微淘的运营是一个循序渐进的过程，需要主播花时间去策划，而不只是发个上新，发张图片那么简单。

（2）群聊。群聊是一种非常简单的工具，也是非常容易被人忽视的工具，其实它的作用很大。群聊的筛选能力很强，能够把那些对优惠抢购十分感兴趣的用户留下，然后主播可以通过限时抢购、红包喷泉、店铺红包、提前购、群任务及淘金币等方式，在群里进行各种预热，这些都能够有效地帮助各位商家们做好活动前的预热，最终有效吸引流量，让店铺排名靠前。

总之，在运营淘宝直播的过程中，主播需要从多个方面进行宣传和引流，将有需要的顾客引入直播间内，然后通过直播促使消费者收藏加购。在这些工作都做好的情况下，商家还可以结合钻展、直通车等方式进行推广。

新人主播应该重视私域流量的经营，尤其是在平台大促开始之前，事先发布预热，再把直播、微淘及群聊做好，当活动日期来临时，就有机会获得巨额流量。

引流要兼顾用户体验

引流能力是评价直播效果的重要标准，而引流主要依靠的就是用户，因此在进行流量变现时，必须考虑用户的感受，将用户的支持放在第一位。但是在实践的过程中，很多人渐渐走入了一个误区，他们认为只要投入的成本足够多，流量就一定会升高。然而事实证明，过度依赖投入，很可能会陷入增长瓶颈。

当你的直播遇到瓶颈期时，不妨先停下来想一想，你的引流模式是否符合观众的利益。不要仅仅追求一时的数据，及时调整思路，找到真正符合用户需求的引流模式，才能让销售额持续上升。

淘宝直播间的流量分布

淘宝直播间的流量分类

按照流量的来源，我们可以将淘宝直播间的流量分为免费流量、付费流量和活动流量三种。它们各自拥有不同的特点，也需要不同的运营方法，这些都是我们应当了解的。

1. 免费流量

在淘宝直播间的流量来源中，免费流量的占比可能是目前最高的。免费流量是从淘宝直播及其他很多站外平台上引流来的，例如微博、微信、抖音等。如果运营得好，积累了一大批粉丝，那么做起直播来就会容易很多。比如现在的一家家网红店，几乎都是依靠庞大的粉丝人群起步的。粉丝可以帮助主播推荐，老粉丝也会不定期地回访，这些都能带来流量。当然，最主要的还是基于直播间内容的好坏，只有好的内容，推荐和粉丝才会稳步增长。

2. 付费流量

在淘宝直播平台上，你也可以通过付费的模式获取流量，例如通过钻展、超级推荐等，把自己的直播间挂在首页或者推荐位。

不过，付费模式不一定适合所有人，很多时候，你花了钱也未必能留下多少粉丝，关键还是要看直播内容是否符合观众的口味。因此，在直播前期，不必急着花钱买流量，先用免费流量的方式，一步步积累经验，等做出优质直播之后，再考虑付费流量。

3. 活动流量

淘宝官方会经常开设一些活动，例如每月26号的主播排位赛、每月11号的真惠选活动、直播盛典、直播体验月等，在活动期间，淘宝会给主播们额外的流量扶持。这些活动日是难得的机会，建议有机会就报名参加，毕竟多一个渠道就多一分曝光。把握好这些渠道的流量，再加上有保证的内容质量，成功做好直播只是时间问题。

直播流量不稳定的三种可能

通过上面的内容，我们了解了淘宝直播间的流量分布及构成，但是知道这些内容并不代表我们已经完全掌握了直播。相反，很多时候直播间的流量会出现反复的情况，可能今天的流量很高，到了明天却突然降低，这背后的原因是什么呢？

1. 直播标签混乱

直播的店铺和产品标签，在很大程度上决定了频道流量的分配，因此标签混乱会直接影响直播间的流量。很多主播直播的时候感觉直播间流量总是不稳定，有时流量会突然暴涨，有时却跌到谷底，其中一个原因就是因为直播标签不合适，因为频道标签是滚动的，导致流量大起大落。你不妨仔细观察一下数据，频道流量最高的时候，以及频道流量最低的时候，标签有何不同。例如，你在直播间里介绍女装，此时喜爱女装的顾客就会顺着这个标签找到你。假如你的店中还有很多其他商品，如高跟鞋、口红、旅行箱等，这些标签就会混在一起，以致系统无法判别你属于哪个标签，无法给你匹配合适的人群，流量也就越来越低了。

2. 直播间层级变化

按理来说，直播间的流量和你的粉丝数量是成正比的，粉丝变多，流量就会增加。但是有时你会发现，粉丝变多，流量反而下降了，这是怎么回事呢？通常，这是由于你的直播层级发生了变化。例如，随着粉丝数量的增加，你的直播间等级提升，与头部主播A站在同一层级，但是A主播已经坚持了很多年，流量一直都很稳定，淘宝肯定不会让你的资源超过A主播。所以就会出现你的粉丝数量增加，但是流量却减少的情况。不过这种情况通常都是短暂的，只要坚持原有的战略，持续提供优质内容，流量就会逐渐增加。

3. 平台方面的原因

除了主播以外，淘宝直播平台的运营人员也在想方设法地提升影响力，于是会推出各种活动。在活动期间，淘宝运营会把资源向头部主播倾斜，以便扩大影响力，于是中小主播的流量就会减少，这种现象在直播庆典、618等活动中比较常见。对于这种现象，主播不用担心，只需坚持原有的策略即可。

主播常用的五种引流方式

直播前期的引流主要有两部分，分别是线上引流和线下引流，为此我们需要提前准备宣传材料，包括海报、视频、文案等，然后选择引流的渠道，将宣传材料发布到各个自媒体平台、视频网站、线下广告牌等。直播营销常用的引流方法主要有以下几种。

硬性广告引流

硬性广告主要是指传统形式的广告，作为一种积淀深厚的宣传方式，它具有传播速度快、传播效果好、传播范围广等优点。当你的直播间遇到销售瓶颈时，选择硬性广告引流是一个比较好的突破点。你可以在官方网站、微博、电视等媒体上进行宣传，以便提升主播和直播间的影响力。

硬性广告引流比较适合大主播，尤其是头部主播，他们拥有庞大的粉丝群体，利润很高，能够承担得起硬性广告宣传的费用。可以选择应季、主销的产品进行宣传，产品折扣不需要太低。

软文引流

软文营销的历史非常久远，而且适应性也很广，其"软"的特性，使它在很多平台和渠道上都能充分发挥价值。熟悉软文写作特点，并懂得结合不同渠道进行引流，是直播者需要学习的内容。

利用软文对直播进行引流，通常可以在微信公众号、头条号、微博等平台上，利用可读性强的叙述产生强大的吸引力，让更多的人了解主播，并且为主播赋予更多的内涵。

短视频引流

相比软文引流，短视频引流有着独特的优势。第一，短视频和直播都是以视频的形式呈现出来，二者的传播媒介高度重合。第二，短视频经济已经撑起了互联网经济的半边天，越来越多的年轻人想跟随时代的脚步分得一杯羹。第三，短视频的传播速度极快，可以在短时间内达到上百万甚至千万级的曝光效果。

直播平台引流

直播平台本身自带引流工具，具有低成本、高转化的特点。例如淘宝直播上的推送、提醒、发布功能等，在直播开始之前，主播就可以将预告推送给粉丝，提醒粉丝及时收看直播。主播还可以利用直播评论进行引流，例如请公司的工作人员帮忙评论、点赞、转发，引导评论的走向等。

线下引流

线下引流主要是通过传统渠道进行引流，效果也很好。很多商家同时开设了网店和线下店，这时就可以将线上直播和线下引流结合起来，用海报、宣传单等方式，为直播间和实体店铺同时做宣传，达到一石二鸟的效果。

借助百度为电商直播汇聚人气

百度是国内起步较早的搜索平台，它以免费的优势，受到众多消费者的青睐。除了搜索引擎以外，百度还有很多产品，如百度贴吧、百度百科、百度搜索风云榜、百度知道、百度经验、百度文库等，这些产品至今仍然拥有很多使用者，因此能够带来较高的流量。如果主播能够在这些产品上用心经营，就可以为直播间带来极大的流量。

百度百科

百度百科是百度公司旗下的一款产品，内容涵盖各个领域的知识，是一款综合度较高的中文信息平台。百度百科的其中一个特点是强调用户的参与，汇聚众多网民的智慧，从而进行交流和分享。该平台的开放属性，使其成为一款十分经典的产品，能够为企业营销带来极大的帮助。如果能够在百度百科上创建属于自己的词条，不仅可以提升粉丝量，还有助于打造主播的个人IP。

在百度百科上创建词条也很简单，只需以下几个步骤即可。

（1）打开百度浏览页，在网页右上角找到"更多产品栏"，点击打开。

（2）在"更多产品栏"中，点击"全部产品"选项。

（3）在新打开的网页中，找到"百科"选项，点击进入百度百科。

（4）找到"创建词条"选项，点击进入，根据指示分别填入词条名、词条分类，然后点击"创建词条"。

（5）进入词条编辑框中，编写词条的简单概述、基本信息及正文信息，最后点击提交，等待审核即可。

在创建百科词条时，不要填入自己的电话、微信等联系方式，这是百度严格禁止的。另外，最好站在第三人的角度去写，这样显得更客观、真实。在表达自己的特长、成绩、荣誉等方面的时候，应当挑选具有代表性的内容，这样才会取得较好的效果。

百度贴吧

百度贴吧是全球最大的中文网络社区，内容包罗万象，市面上主流的产品分类都可以在贴吧上找到。在百度贴吧上，拥有共同兴趣的网友聚在一起，相互交流见解，这种运营模式使其成为许多创业者、运营者常用的引流平台。

在选择贴吧时，可以根据直播间的特点分别选择冷门或热门贴吧。热门贴吧带来的流量高，但是吧主对广告的容忍度较低，主播发布的广告容易被删除。冷门贴吧的流量低，主播发布的广告就不容易被删除。

为了提高帖子的生存率，最好不要发布硬广告，而是应该使用软文形式，内容要结合时事热点，比如新闻、娱乐八卦等，以便吸引人们的眼球，提高点击率，增强引流的效果。标题中的关键词要有吸引力，以提高被搜索到的可能性。软文写得好，一方面可以引起吧友们的关注，另一方面可以提高帖子被管理员置顶的概率。

如果有机会的话，可以尝试申请成为贴吧的吧主。吧主是百度贴吧的核心用户，由百度官方从众多网友中筛选出来，主要负责内容建设和吧内用户的管理。吧主对内容的影响力很大。

百度知道

百度知道是一款知识问答分享平台，可以看作是对搜索引擎功能的一种补充。很多人在遇到难题后，都会在百度上进行提问，基于人们的这种习惯，我们便可以利用百度知道，将自己的信息植入其中，从而实现营销推广及引流。

百度文库

百度文库是供网友在线分享文档的平台，与百度搜索引擎相连接，用户数量不可小觑，而且百度文库的权重很高，容易把关键词优化到首页上，同样可以成为直播引流的途径。主播可以将一些产品知识、直播知识整理成文章，上传到百度文库中，并且将直播间的相关资料以及主播的微博、公众号等信息植入进去，只要被人搜到且被阅读，就可以起到引流的作用。

用QQ和微信实现病毒式传播

QQ和微信都是腾讯公司旗下的产品，也是国内用户最多的两款社交软件，凭借着得天独厚的优势，二者深深地融入中国网民的生活之中，在通信、游戏、查询等方面都提供了服务。在QQ和微信中进行推广和引流，极易形成病毒式传播，效果十分显著。

QQ引流

在QQ的使用者中，青少年群体占比较大。另外，QQ在办公方面比微信更方便，因此有很多人选择把QQ当作办公软件。利用QQ进行引流，可以做到低成本、高转化。

1. 账号信息

主播可以首先对自己的QQ账号信息进行编辑，将昵称、个人资料、个性签名等修改成与行业相关，让人第一眼看到你的QQ，就知道你是做什么的，方便用户与你联系。

2. 说说标签

如今QQ空间的活跃度已经大不如前了，以前火热的QQ日志、留言板等功能已经很少有人使用，在活跃用户中，使用说说功能的占了很大的比例。

QQ空间的说说可以设置标签，它实际上是一个话题圈，类似于贴吧的一个主题。通过话题圈的设置与搜索，可以帮你找到拥有同样个性标签的QQ用户。更重要的是，它不会屏蔽广告。

3. 点赞和评论引流

在别人的说说下面点赞和评论是一种联络感情的方式，让别人知道你还没有忘了他们，比较适合用来联系添加的网友。

4. QQ附近

在手机QQ中，有一个"搜索附近"的功能，里面有"附近的人""附近动态""直播""交友专区"等板块，我们只要设置好自己的特色界面，就可以通过这一功能给你自动匹配到对应的群，进群后就可以通过发广告或者红包的形式进行引流了。

5. QQ看点

QQ看点是一款内容社交平台，主要活跃用户是"90后"及"95后"，涉及游戏、二次元动漫、明星、极限运动、时尚美妆、黑科技等内容。通过在QQ看点的内容下进行评论，也可以吸引一定的流量。

微信引流

和QQ相比，微信的用户年龄层更广，在小孩、中年人、老年人等群体中都有广泛的用户，而且微信支付比QQ钱包更受认可。也正是由于这些原因，在微信导流的可信度会更高一些。

1. 微信群

微信群是微信用户活动的主要场所之一，在加入群聊的人当中，总会有一些人有共同之处，例如消费习惯相似，或者消费需求接近等，他们就是我们潜在的粉丝或合作伙伴。如果能在微信群里进行筛选、挖掘，只要使用合适的方法，就可以迅速将其变成我们的粉丝。

主播可以通过认识的人加入更多的群聊，可以在百度搜索微信群或者自己建群，积累影响力。当积累足够多的群时，筛选粉丝的范围就更大，就能实现从量变到质变的转化。

2. 朋友圈

在朋友圈发广告也需要讲究方法，否则只会让人感到厌烦，有很多人借着微商的名义在朋友圈里刷了太多的广告，让人不胜其烦，最后被屏蔽或删除。只有在朋友圈中提供有价值的信息，才能让人减少戒备心理，并持续关注你的朋友圈。你可以用分享知识的方式发朋友圈。比如如果你是直播销售衣服的，那么可以发一些与衣服有关的小知识，如衣服搭配、衣服护理、衣服选购技巧等，这样可以让好友觉得你是在分享信息，而不是在打广告。

3. 公众号

公众号的商业价值极高，是营销引流的重要工具。然而，公众号如今也面临着挑战，很多企业的微信公众号虽然拥有大量粉丝，但是转化率逐步下降，出现粉丝流失或者变成僵尸粉等情况。如果能将微信公众号与直播相结合，例如在公众号的内容中加入主播的表情包等，使公众号的内容紧跟潮流，就能达到一加一大于二的效果。

新浪微博推广引流

新浪微博出现的时间比电商直播早很多，微博很早就成为众多明星与粉丝交流沟通的重要渠道，你可以直接与名人明星进行交流，还可以了解世界上的最新资讯，因此微博汇聚了极高的流量。

新浪微博是一款非常适合发布独家信息的平台，只要上了微博热搜榜，就可以带来无数的流量。在新浪微博进行推广，吸引到精准客源，引流到直播间内，进而促成下单，这是我们的终极目标。那么，我们该如何利用新浪微博呢？

微博基本信息设置

利用微博引流的第一步是申请微博账号，并且填写基本信息。如果是个人用来娱乐的账号，那么填什么资料都可以。如果想用微博引流，就必须有一定的针对性。

如果主播个人在微博上有很多熟人资源，可以直接使用自己的直播名字，这样容易让粉丝快速查找到你。在简介中，主播应该填写要推广的直播间信息，以便快速让人对你有所了解。

热门话题讨论

要想获得流量，最简单的方法就是蹭热点，也就是在发微博的时候插入一些热门话题。微博上的热门话题分为两种：一种是1小时榜，一种是24小时榜。两者的阅读量都比较大，甚至是上亿的量级，这也是我们选择用热门话题来做引流的原因。蹭热点的优势是引流快，缺点是持续性较差。因为热点总是一浪盖过一浪，转瞬即逝，因此，我们引流的时候需要考虑好，用户属性是什么样的，需要用什么样的诱饵才能更好地引流。

在实际操作中，主播可以选择一个排名靠前的热门话题。话题的选择不是随便做的，而是要根据直播间的特点去选择。比如，主播日常推销的主要是衣服，正好××明星结婚的新闻讨论度很高，我们就可以在发微博时插入这个话题，然后发一些与婚礼衣服相关的内容，引流的效果就会非常好。

抢占微博热门评论

微博热评和热门话题有一定的相似性，二者都是在蹭流量，但是具体操作方法不同。讨论热门话题是在自己的微博上输入"#×××#"（话题关键词），然后发表内容。而微博热评则是在别人的微博下评论，借助别人的名气来获得流量。打开热门微博，就会发现下面的评论中有很多来蹭热点的营销号，其中一些获得了很多点赞，成为热门评论。

这种抢占微博热门评论的方法非常简单，也非常实用，几乎不需要什么技巧，只需时刻关注一些热门博主的微博状态，并且了解热门博主粉丝的主流想法，然后在博主发出微博之后，尽可能早地发出评论，就很有机会成为热评。

熟练使用超级话题

超级话题，简称"超话"，它是微博热门话题中的一个部分，里面集中了很多流量很高的热门话题。和热搜榜相比，超级话题里的目标用户更加精准。

进入超话以后，根据直播间的特性，选择电影、综艺、美妆、健康等类别，进去之后选择一个合适的超级话题，并且在里面发内容。尽量发布原创且有价值的内容，做好价值输出。如果你的内容没有吸引力，微博用户是不会关注的。发完信息之后，可以选择把话题内容同步到微博，方便查看阅读量。阅读量越高，说明帖子的受关注度就越高。

为了减少发广告被举报的概率，可以将超级话题和普通话题混合着发，也就是先发几条超级话题微博，再发几条广告帖，这样便会形成双话题，避免被举报删帖。

微博营销活动

在微博里做活动是一种常见的引流方法，而且由于微博的开放性，可以非常方便地实现引流目的。通常，我们可以在微博中发送一些免费赠送礼品的活动，标明"关注××直播间就有机会获得礼品"。

微博营销活动的规则必须清晰、明了，不会产生争议，不要让人去阅读一段长长的介绍文字，否则会减弱营销效果。最好把文案控制在100字以内，多用插图和视频，以便最大限度地提高品牌和直播间的曝光率。为了鼓励微博用户进行转发传播，还可以设置微博抽奖，规定关注并转发即可获得奖品。

利用抖音实现一站式引流

抖音和快手是国内短视频App的两大王牌力量，号称"南抖音，北快手"，二者都与电商直播有着千丝万缕的联系。

和抖音、快手相比，淘宝直播的优缺点都很突出。一方面，淘宝占据了电商界的龙头地位，直播变现的能力无人能比。另一方面，淘宝的公域流量有限，主播只能从两方面下手：一是通过淘内的微淘、粉丝群增加私域流量；二是去其他软件的护城河内吸引新流量。抖音的带货能力虽然不如淘宝，但是胜在流量巨大，容易捧出网红。如果经营得当，有机会在短时间内斩获百万粉丝。因此，很多淘宝直播的主播也在抖音和快手上投入了大量资源。本节就以抖音为例，介绍一下如何利用短视频App为淘宝主播引流。

抖音购物车关联淘宝商品

抖音购物车是一项专注于带货的功能，是专为优质创作者提供的，可以帮助他们将抖音上的流量转化为带货能力。如今，抖音已经和阿里巴巴建立了合作关系，淘宝网上的商品都可以添加进抖音购物车里。符合抖音购物车申请要求的账号，可将其电商平台（目前仅支持天猫、淘宝）的商品通过短视频形式进行分享，主要包含三大功能，分别是"商品橱窗""视频购物车"和"直播购物车"。

以前，抖音的商品橱窗要求主播要有1 000个粉丝才能开通，现在只要在抖音上发布10条视频，再加上实名认证，就可以开通商品橱窗，直接进行商品销售。

开通抖音购物车需要满足一定的条件：首先是对粉丝数量有一定的要求，满足条件以后才能申请；其次是必须先成为视频达人，通过达人认证之后，系统便会发信息询问是否开通商品分享功能。

除了抖音购物车以外，还可以在抖音的个人主页中设置一个外部链接，用户点击后即可跳转到H5店铺页面，完成下单的同时，也可以完成对淘宝直播的引流。

协调淘宝直播和抖音的运营时间

淘宝主播要想通过抖音引流，就必须两手抓：一边是原来的淘宝直播节目不能落下，另一边是要抽出时间经营抖音。建议有能力的淘宝主播策划好内容，每天抽空录制一些短视频，在目前很火的抖音、微博、快手等平台进行推广。内容其实不需要有多出奇制胜，认真观看那些大主播的抖音就会发现，他们的抖音视频都是一些比较常见且容易复制的内容。

当然，要想精心录制抖音视频，要花费不少时间。大主播都有团队为他们打理，从脚本设计，到视频制作、发布，都有专门的运营人员在负责。但是对于初入行业的小主播而言，就没有那么轻松了，他们每天都要直播8个小时左右，下播之后已经筋疲力尽了，还要整理直播间，准备第二天直播的样品，根本没有精力录制抖音。所以新人主播要学会一点儿小技巧，尽量减少工作量，同时又能保证视频有一定的质量。你可以每天抽出几分钟时间，录制一段开播前的准备过程，或者将淘宝直播中介绍商品的精彩片段上传到抖音上，增加内容的趣味性和创意性。

第八章

精准变现，把流量转化为收益

电商直播有两个重要组成部分：吸引用户和流量变现。如何黏住用户，加速变现，已经成为直播平台思考的重要问题。我们在前面已经探讨了很多关于吸引流量的问题，本章我们将着重介绍电商直播的变现技巧。

几种常见的直播变现方式

对于淘宝主播而言，引流和变现是工作的两大核心问题。引流是变现的前提，而变现是引流的目的。在前面的章节中，我们已经学习了淘宝直播的引流方法，在本章的内容中，我们将主要介绍淘宝主播的变现方法。

赚取直播带货佣金

流量变现一直以来都是众多直播平台需要面对的难题。在最初的直播变现模式中，粉丝的礼物打赏是个重要的盈利来源。随着电商直播模式的出现，带货就成了很多主播的变现方式。随着淘宝、京东等电商的入场，直播带货的模式终于成型。主播凭借自己的流量资源，为商家宣传商品，从中抽取提成，佣金比例根据主播的个人实力而有所不同。可以说，靠佣金赚钱是最直接的盈利渠道。

很多淘宝主播本身就是销售，他们有稳定的货源，凭借着良好的运营和长久的坚持，成长为直播带货头部主播。他们需要承担一定的运营方面的风险，同时也能获得更高的利润空间。

赚取直播出场费

很多达人主播自己没有店铺，他们选择帮别家的店铺带货，在直播的时候通常会选择多家店铺，同时上架多种产品。专场直播就是在一场直播中只为某家产品做代言，或者去其他直播间捧场，通常主播可以收取一定的出场费。

根据主播的知名度，出场费用各有不同。头部主播或明星主播高的可达上百万元，小主播就没有这么幸运了，出场费通常较少，可能只有数百元左右。

成为明星，赚取广告费

有的主播拥有庞大的粉丝群体，每次直播都能收获巨大的流量，这就为广告变现提供了便利。不少商家看中直播间的流量，委托主播宣传他们的产品，主播从中收取一定的推广费用。但是怎样才能将用户的流量与广告完美地结合起来，实现流量变现呢？

有的主播在私下与商家签订合同，为商品做代言，直播平台不参与整个过程，因此也不参与分成。也有一些直播平台亲自下场，与商家签订协议，在主播的直播间和礼物中植入广告，按展示或点击和广告商结算费用。

直播平台的礼物打赏

在很多直播平台上，引导观众打赏是一种重要的变现模式。观众付费购买礼物送给主播，平台将礼物转化成虚拟币，主播将虚拟币提现，由平台抽成。直播平台也有礼物系统，从普通礼物到豪华礼物，再到热门礼物、VIP用户专属的守护礼物、幸运礼物等。

淘宝直播上也有打赏，但不是现金形式，而是通过淘金币进行打赏，因此主播无法通过打赏直接获得金钱。淘宝直播的打赏和点赞的作用是相似的，代表了主播的人气，人气越高，主播的身价就越高，就可以提高佣金的比例了。

以上就是几种常见的直播变现模式，对于从事直播带货行业的人来说，还有很多传统的营销方法值得借鉴，例如举办线下活动、建立线上粉丝群等。

直播带货变现的重要前提

做电商直播必须要明白一个道理：流量不等于用户，更不等于变现能力。观看直播的用户有两种：一种是看了就走，不会长时间停留，属于浅层用户，这样的流量是很难变现的；另一种是关注主播，积极下单，并且之后还会再来，属于深层用户。只要留住深层用户，才能提高变现能力。那么，如何才能让观众变成深层用户呢？这要求直播满足以下几个前提条件。

产品适合做直播

电商直播的首要目标就是让观众下单，但是对于观众来说，是否下单主要取决于商品能否打动他们。如果主播推荐的商品不符合观众的口味，观众就很难有兴趣继续观看下去。

1. 选品要正确

我们在第二章"简单有效的选品方法"中提到过，不是所有的产品都适合做直播，适合直播的商品大致有以下几种：快速消费品、无法亲自体验的商品、适合团购的商品、具有品牌知名度的商品。一般来说，这四种商品在直播平台上是最受欢迎的，也是变现能力比较强的。

2. 要分析好客单价

调查显示，观看直播的用户大多对商品价格比较敏感，客单价在50～100元之间的商品会比较容易卖出去。如果超出了这个范围，人们就会比较谨慎，他们不会轻易下单，而是会反复比较，反复思索，在下单与不下单之间纠结。

3. 主播需要在产品毛利率上进行权衡

毛利率太低，会直接影响变现能力，白白浪费流量，主播并不是真的冲着和用户做朋友去的，最终还是要盈利。毛利率太高，又会显得产品性价比太低，容易让用户产生欺诈的感觉，无法维持长时间的经营。

通常情况下，毛利率在30%左右的产品会有较大的盈利空间，但是具体数值还是以直播间的实际情况为准。主播也可以用毛利率低的产品做引流，吸引大批量的粉丝入场，提高直播间的人气，同时上架一些毛利率较高的产品，二者搭配着卖，这样往往能够取得比较不错的变现效果。

产品的质量符合用户的心理预期

主播必须保证产品的质量能够符合用户的心理预期，如果被人贴上了"便宜没好货""质量缩水"的标签，那么主播的直播生涯就离结束不远了。

在选择产品时，主播可以用下几种方式，对产品的质量进行调研。

（1）在接下商家的订单之前，首先上网查询一下商家的相关信息，看看该店铺的信誉和评价如何。如果知道对方的公司名称，还可以上"天眼查"等软件查询一下相关信息。

（2）在百度贴吧、知乎、微博等网站上搜索网友对产品的评价。

（3）去厂家的车间进行实地调研。

（4）货比三家，了解竞品的情况。

不要让物流拖后腿

如果主播拥有自己的网店，就需要认真考虑物流的选择，因为电商的发展离不开物流的支持，选择一家好的物流合作伙伴，不仅能帮助电商企业取得更好的经济效益，还会增加客户黏性，带来诸多隐性效益。对于中小型企业而言，物流的影响尤其重大，如果物流快递不给力，很可能会造成致命的打击。

主播具备强大的说服力

主播是直播间的活招牌，要想让直播变现，主播必须能够说服用户购买。具体可以从以下几个方面去做。

1. 说话有逻辑性

主播说话有逻辑、有条理，更容易获得观众的信任。所谓直播的逻辑性，就是说要找准观众的关注点以及点与点之间的联系，然后用简明清晰的语言讲出来。例如，在没有使用该产品之前，人们会遇到什么样的困难；用了该产品之后，会给我们的生活带来哪些变化。

2. 语言具备感染力

在镜头面前，主播应当保持平和、自然的状态，不能让人感到油腔滑调，一定要让观众相信这是主播的肺腑之言。在此基础上，可以适当运用夸张、含蓄的表达方式，以便提升语言的感染力。

3. 说话有激情

情绪是会互相感染的，主播缺乏激情，语言就会显得苍白无力，也就很难调动起观众的情绪。主播的声音要洪亮，隔着屏幕也能把能量传递给观众，必要时，可以借助爆燃的音乐、夸张的手势、嘶吼的声音等方式，把情绪传达给观众。

直播带货的四个变现策略

直播带货是一门技术活，需要讲究策略，利用各种方法让用户下单，把流量变成最终的销量。本节将向大家介绍四种变现的策略。

重视直播细节，展现商品优势

主播要把商品的近景和远景都完整地展示出来，力求呈现出产品的细节，让观众能够看到自己关心的地方。例如，在直播推荐口红时，主播首先要把口红拿起来，让观众能够清楚地看到口红的外包装，以及口红管的形状、大小、重量等。接着，主播还要向观众展示涂口红的步骤，让观众能够清楚地知道口红的色泽、质感、味道等。

站在直播镜头前，每个主播都应该满怀信心，坚信自己推荐的产品是最好的，一定能够满足消费者的需求。往往就是这些基本的要求，会把很多主播给难住。如果说话结结巴巴，说不到两句就忘词，表现得不够专业，消费者又怎么会信任你呢？要知道冷场是直播的大忌。主播在介绍商品的时候，需要像销售高手一样，对商品的各个细节了如指掌，例如商品的功能、特征、价格优势等。

专注于一个产品

头部主播每次都要展示很多种商品，但是在直播的起步阶段，我们完全没有必要这样做。这听起来不利于扩大销售额，其实是不得已的选择。首先，新人主播没有那么多的货源，也找不到那么多的商家进行合作，自然没有办法像大主播那样选品。其次，新人主播缺乏经验，也很难做到像大主播那样，一次推销数十种产品还能游刃有余。

因此，做直播带货的时候，最好一步步来，不能奢望一口吃成个胖子。在起步阶段，尽量将注意力集中在一个产品上，这个产品应当是整场直播的重点。在直播开始之前，主播和团队的工作人员就应当提前商量，根据店铺的特点，以及团队的实际情况，选出一个或者一套最有可能成为爆款的产品。同时时刻留意网上的热点事件，借助于热点的流量，为产品的销售打下基础。

物美价廉是王道

人们在购物的时候，都喜欢物美价廉的商品，生怕自己吃亏。说白了，直播带货本质上仍然是一种营销模式，产品和价格是销售成功的两大"压舱石"，主播颜值、广告霸屏、亲密互动等都只是吸引用户的手段。正是由于这个原因，我们才会在很多网店的首页里看到优惠券。

那么，如何做才能突出物美价廉呢？主播应当从多个方面着手。

第一，主播要在直播的时候明确说出"性价比高""非常实惠"等字眼，在语言上对观众形成心理暗示。很多人或许会觉得这种做法太简单粗暴了，但是在现实生活中，这样的做法往往被证明是有效的。

第二，主播在选品的时候，应当尽量选取那些在市场上不易还价的商品，例如专柜里的商品或者知名品牌的商品，以便提升直播间在观众心里的品质感。

第三，使用多种优惠方式，向观众发福利，让观众对价格产生直观的感受。

没有对比，就没有伤害

在直播的过程中，运用对比的方法，可以让观众对产品产生更全面的了解。同时突出产品的性价比，使其成为爆款。

主播可以事先找来竞品，与自家的产品进行对比，从外观到材质，再到价格，一一进行对比，全面展示二者的不同之处，突出自家产品的优势。但是要注意，不要露出竞品的商标，也不要使用攻击性强的语言，更不能造谣。

阿里V任务：淘宝主播的专属平台

在移动互联的时代，内容运营已经成为运营主流。商家都希望能找到经验丰富的带货达人，帮助自己推广店铺的宝贝。那么，我们应该如何操作才能最快找到合适的淘宝达人呢？这个不二法门就是阿里V任务。

加入阿里V任务平台

阿里V任务是淘宝官方推荐商家寻找优质达人合作的唯一官方平台。在这个平台上，作为商家，可以发布推广需求，如新品测评、尖货推广、品牌活动直播、营销活动造势等与达人合作的一站式服务。阿里V任务就像一个中转站，商家通过它寻找流量，而主播通过它把流量成功变现。

主播需要先入驻平台，然后才能在上面接单。如果你已经和直播机构绑定，可以通过机构提交申请资料。如果你是希望与机构签约的个人主播，可以搜索"阿里V任务"平台，进入主页之后，在页面右上角点击"立即入驻"，然后选择"我是需求方"或"我是服务方"，根据指引点击开通。

图8-1　阿里V任务平台

入驻完成之后，回到首页，在导航栏中找到"直播通"，然后点击，即可对接全网最优质的商品。

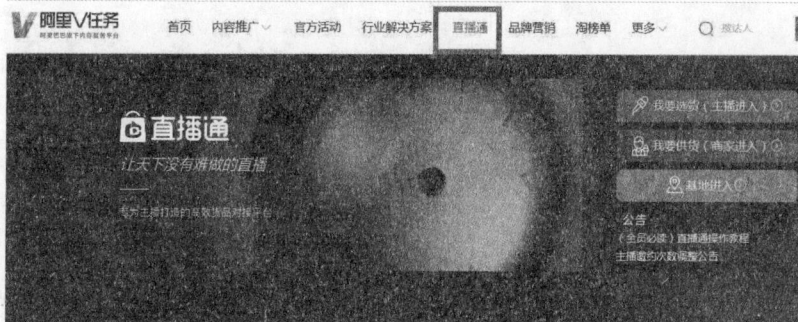

图8-2　直播通

主播接单流程

入驻阿里V任务平台之后，主播便可以按照下面的流程，在平台上接单，并且提现。

1. 设定任务报价

（1）在阿里V任务官网导航栏中找到"直播通"，点击进入。

（2）在网页右上角，找到主播的账户名称，点击账户名—发报价—发布我的报价。如图8-3所示。

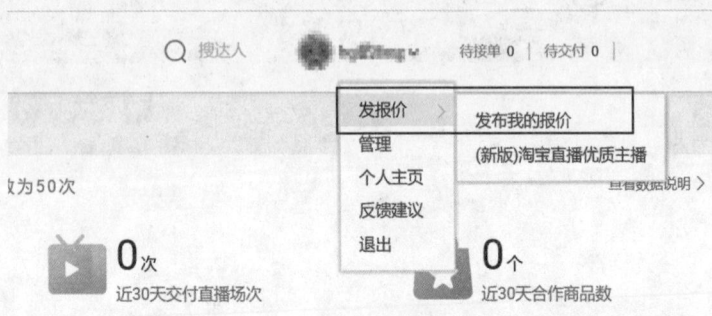

图8-3　任务报价

（3）主播可以自己设定任务报价，也可以选择官方推荐的报价。推荐报价只包含微淘流量价值的评估，不包含对内容创作及其他渠道流量价值的评估。

2. 任务接单

（1）进入"直播通"，选择"我要选货（主播进入）"。

（2）在网页中，主播可以看到待审核、待接单的任务选项，并且可以进行接单或拒单操作。

3. 交付任务

（1）在管理中心页找到交付中&已完成页面查看所有待交付的任务。

（2）在阿里·创作平台we.taobao.com中开启直播，发布直播内容。或者完成短视频内容创作，然后推送到微淘。

（3）登录任务平台，找到需要交付的任务，在推送时间结束之前点击"交付"按钮。

（4）复制内容链接，系统自动生成二维码，将链接和二维码一同推送给商家。

（5）点击"提交"按钮，完成内容交付。

4. 确认收入

主播提交完任务之后，商家便可以确认付款，主播可以在"任务管理"中进行查看。如图8-4所示。如果商家没有及时付款，系统会在10个工作日后自动打款到主播账户。

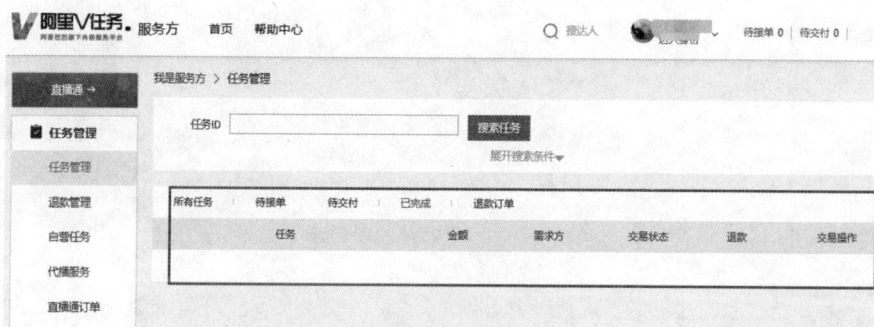

图8-4 任务管理

商家如何挑选合适的达人

主播可以在阿里V任务平台上寻找商家，商家也可以在平台上寻找主播进行合作。在选择主播的过程中，可以根据投入的情况，分别选择合适的投放方案。

（1）投入较多时，商家可以选择粉丝数量较高的主播，不过，要先确认该主播粉丝的活跃度。商家可以事先观看该主播的直播情况，看看直播间里的弹幕是否活跃，下单率是否高，并且根据留言判断粉丝的属性标签是否与商品相符。

（2）投入较低时，商家只能和小主播合作，可以考虑多请几个小主播，分别进行投放，一方面分散风险，另一方面提高出爆款的概率。

第九章
直播中不可触碰的红线

　　直播是一种充满了机遇和挑战的职业，它可以让你走上繁华之路，也可以使你迅速跌落神坛。主播应当遵守平台设定的规则，以及社会上约定俗成的道德底线、法律准绳等，否则一旦触碰这些红线，主播将会面临被降权、被限流，甚至被封号的结局。

警惕直播过程中的潜在风险

近几年来，电商直播的发展速度很快，产生了很高的经济效益，然而新生事物的发展往往伴随着一系列的问题。辛辛苦苦做了一场直播，结果却不幸踩中了"雷"，导致被平台扣分，甚至封禁，这种情况并不少见。说到底，直播也是有风险的，我们必须要知道潜在的风险，避免一不小心摔了跟头。

主播是直播的发布者，需要直接面对观众，在网络平台上发布内容，因此成为网络直播风险的直接面对者。很多主播风险意识淡薄，在不经意间做出了十分不恰当的举动，有时甚至不顾道德底线，触犯了法律。最典型的就是某些主播为吸引流量，故意传播低俗文化和负能量，甚至利用直播平台违法犯罪。他们的这些行为吸引了大量人员围观，其中不乏涉世未深的青少年，对社会文化环境造成了一定的污染。

要想在直播行业长期做下去，成长为头部主播，就必须谨慎对待身边可能出现的各种潜在风险。除了加强团队的约束以外，主播还应当加强自我学习，提升自身的修养水平，使直播节目逐步走向规范和成熟。

在直播过程中，主播应当避免出现以下几种情形。

（1）使用或者变相使用中华人民共和国的国旗、国歌、国徽，军旗、军歌、军徽。

（2）使用或者变相使用国家机关、国家机关工作人员的名义或者形象。

（3）使用"国家级""最高级""最佳"等用语。

（4）损害国家的尊严或者利益，泄露国家秘密。

（5）妨碍社会安定，损害社会公共利益。

（6）危害人身、财产安全，泄露个人隐私。

（7）妨碍社会公共秩序或者违背社会良好风尚。

（8）含有淫秽、色情、赌博、迷信、恐怖、暴力的内容。

（9）含有民族、种族、宗教、性别歧视的内容。

（10）妨碍环境、自然环境或者文化遗产保护。

（11）法律、行政法规规定禁止的其他情形。

这些情形是最常见的直播误区，需要坚决杜绝，不要存有侥幸心理。淘宝直播官方平台对这些内容的处罚也十分严厉，主播一旦被发现做出了不合规的行为，就会面临扣分、下线直播、冻结直播权限等处罚。

除了以上这些法律明文禁止的行为以外，还有一些行为同样不宜出现在直播间内，例如一些主播宣传拜金理念，宣传封建迷信思想，描述吸毒行为，直播虐待动物等。这些行为与社会的主流价值观背道而驰，甚至公然挑战人类道德底线，即便能在短时间内带来流量，也不利于主播的长远发展。

违规直播可能被封号

为了维护直播环境，淘宝直播平台设定了相关的规定，主播尽量不要触碰这些平台设定的"红线"，否则极有可能被封号。

主播换人

淘宝直播对主播的身份认证十分严格，一旦认证完毕之后，就不允许将账号外借，认证的主播本人必须经常出面，不得出现经常更换认证主播的情况，否则就会面临永久封号的处罚。如果遇到特殊情况，例如品牌代言人、明星、大咖等人参与直播，可以与淘宝客服提前沟通，说明情况，避免被封号。

空播

空播，就是指淘宝直播开着，主播却不在镜头前；或者是主播玩手机，不说话；或者是离开镜头10分钟以上，不介绍商品，而是在直播间的屏幕上滚动播放优惠信息；或者只是播放歌曲，长时间没有主播在线等。淘宝官方对于这种行为也是绝对禁止的，因为这意味着主播在抢占他人的直播流量，却没有带货。这种情况一旦被发现就会做降权处罚，或者是7天左右的封号处罚。如果一个账户多次出现这种情况，就会直接面临封号的处罚。

引导线下交易

为了防止出现虚假交易、诈骗等行为，淘宝官方规定，一切交易行为都只能通过淘宝直播平台进行，严禁主播在直播时故意泄露QQ、微信、微博账号、手机号、二维码、银行卡号等。一旦出现此类行为，淘宝将会对直播账号处以7~30天的封号处罚，屡次违规会面临永久封号。

违规标题

关于标题也是有些规定的。《中华人民共和国广告法》规定，有些极限词和特殊词是不能使用的，比如"全国第一""全网最低价"等。此外，一些夸大或者与事实不符的标题也是不行的。

设置专拍链接

直播间的专拍链接对于一些类目的直播间是开放的，比如买手型直播间是允许的，其他直播间是不允许发布没有商品信息的链接的，一旦被查到就会是按照滥发信息处理。

违背店铺承诺

淘宝直播的违背承诺主要有两种情况：一种是主播违背和买家的承诺，另一种是主播违背和平台的承诺。前一种情况主要有：不兑换抽奖；虚假承诺发红包；不兑现关注减×元的承诺；直播时说买一送一，发货时却只发一件；等等。后一种情况则比较棘手，比如店铺与平台承诺七天无理由退换，直播时却告诉观众不许退换，一旦发生售后问题，官方是不会承认的。如果引起纠纷，可能会被官方关停直播。

其他违规行为

淘宝直播对自身的定位非常明确，就是带货平台，因此规定主播只能从事带货行为，一切与此无关的行为，或者会影响平台声誉的行为，都有可能被视为违规。例如主播穿着低俗、直播玩游戏、讨论政治敏感话题、抽烟、吸毒，或者播放企业宣传片、广告、电视新闻，以及多平台同时开播的情况，一经发现就会被永久封号。

三观不正容易被封杀

随着生活水平的提高，人们对精神生活的追求也越来越高。主播作为公众人物，多少都会对粉丝产生一定的影响。无论从事何种形式的直播，主播都应当保持正确的三观，在享受流量带来的红利时，也要担负起引导广大观众树立正确的三观的社会责任。

三观不正会给主播带来风险

什么是三观呢？三观就是人的世界观、人生观、价值观。世界观是你处在什么样的位置，用什么样的眼光去看待这个世界。每个人的世界观都是建立在他对自然、人生、社会的认识上。人生观是你对人生目的和意义的看法，也就是人活着是为了什么？活着的价值是什么？价值观是你认定事物、辨定是非的思维方式。

三观受生活环境、教育水平、经历的事件等因素的影响。

由于直播门槛较低，很多主播的素质不高，并对自身修养问题没有清楚的认识，在直播中满嘴污言秽语，以粗俗不堪的行为博取关注，甚至不惜触碰法律的底线，引起众多网友的不满。还有一些主播盲目拜金，并在直播时大肆宣扬，同样容易引起人们的不满。这些行为都是三观不正的表现，随时都有可能对主播的职业生涯产生致命的打击。

很多主播因为三观不正而被封杀，其中不乏当红主播。他们在直播中传递了错误的价值观，给社会带来了不良影响。例如，某平台的一位当红主播，由于在直播节目中被人指责作弊，结果他大发脾气，在直播中大骂脏话，并且煽动粉丝对质疑自己的人进行威胁、辱骂和人身攻击，引起众多网友的不满。尽管该主播很快意识到了这种行为的不妥，并且向网友道歉，但还是遭到了直播平台的封禁。还有一位主播，被揭露出曾在直播中侮辱革命事件，于是也遭到了平台的封禁。

不要传播负能量

树立正确的三观是主播的必修课，主播应当向观众传递正确的价值观念，而不是整天传递负能量。

任何人都有消极的一面，会情不自禁地产生很多负面情绪。也有一些主播刻意传播负面情绪，以此为噱头，吸引一些粉丝。

从营销学的角度来看，让观众保持积极的情绪，能够刺激观众的消费欲，因此主播必须先学会控制自己的情绪。每个人都有自己的情绪形态与模式，在愤怒时，乱发脾气会影响人际关系，不发脾气、长期压抑又会伤害自己的身心。而积极的言语，会给粉丝带来力量。

树立正确的三观，也是为了主播的个人成长。用正确的眼光看待世界上发生的一切，永远保持积极向上的心态，能够让我们有足够的信心与能力去战胜任何困难。

主播应当学会感恩，把观众看成自己的衣食父母，因为观众花着自己的时间观看，并且花钱购买主播推荐的商品，主播的流量都是观众累积起来的。所以，做网络主播的，一定要对用户怀有一颗感恩的心，学会尊重观众。无论何时，都不应该跟观众发生争执，哪怕看到特别不客气的谩骂，也不能发脾气。

侵犯版权容易惹来诉讼

在直播的过程中，侵犯版权是主播经常遇到的一个难题。由于法律意识淡薄，很多主播往往已经侵犯了他人的版权，而自己却浑然不知。其中，平台上的知识产权侵权成为电商维权的重点。了解版权的相关知识，可以让主播在直播的过程中避免侵权。

不要对版权问题掉以轻心

如今，随着市场经济的高度发展，相关的法律制度逐步完善，国家对版权问题的重视程度也在日益上升。在这种大背景下，主播必须重视版权问题。按照法律规定，如果主播出现了侵权等违法行为，不仅主播需要承担法律责任，就连作为雇主的电商，乃至直播平台，也应承担相应的后果。

主播侵权有很多种表现形式，最常见的有：在未取得授权的情况下播放音乐（包括背景音乐）、影视剧，使用他人的照片，擅自转播未经作者允许的视频，等等。

中国音乐著作权协会曾对媒体表示，网络直播不属于《中华人民共和国著作权法》中"合理使用"的范围，只要公开表演，就需要获得授权，无论这种公开表演营利与否。更何况，许多主播在直播中可以通过观众"打赏"直接获得收入，这已经属于非法牟利的范畴。

很多时候，连主播都没有意识到自己已经侵权了，只不过由于运气好才没有被告而已。但是直播是一条漫漫长路，要想走得长远，最好不要对版权问题掉以轻心。

淘宝官方对版权问题非常重视，对侵权的店铺打击力度很大。如果主播直播的内容侵权，或者为侵权的产品做直播，也有可能会遇到麻烦。

淘宝的一位头部主播曾经就遇到过这种情况，该主播的店铺中上架了几款女鞋产品，并且开始销售，获得了不错的销售成绩。然而好景不长，很快就有一家品牌宣称该主播带货的产品涉嫌严重抄袭，以侵权为由将其告上法庭，并且将全部过程发布在网络上。

品牌方认为，有关产品设计从未对外授权，抄袭（仿冒制造）行为是通过完整复制板型、逐一抄袭设计方案细节、翻模套制鞋底等方式全方位进行；而被告的女鞋系统性、全方位地抄袭品牌项下多个畅销产品，该行为已经构成严重侵权行为。

最终，该主播选择与品牌方和解。由于把关不严，该主播不仅需要下架产品，付出赔偿，还要面对信誉受损。为了避免这种情况再次出现，该主播决定对其他品类的合作供应商进行严格的检查。

此外，在直播中发布新闻、游戏、电影、电视剧、综艺节目等内容时，也有可能遇到版权问题。若有违规，将给予主播警告并下线直播，视情节轻重处以暂停直播功能、永久禁播等处罚。因此，要尽量避免在直播中出现电视节目或栏目的镜头。

前款规定适用于对出版者、表演者、录音录像制作者、广播电台、电视台的权利的限制。

谨防走进直播误区

消费者在购物时具有从众心理，其实电商直播也一样，也存在盲目从众的问题，容易走进误区。说到底，直播是需要脚踏实地，一步一步地摸索，根据自己的实际情况去做，不存在适用于所有人的模板。很多主播之所以没有达到理想的收益，是因为他们已经走进了直播的误区。

误区一：没有网红就不做电商直播

很多电商从未涉足过直播领域，缺乏经验，也没有粉丝，但是又想快速见效，于是喜欢寻找网红来帮自己做直播。其实，头部主播只有寥寥数人，在所有的直播平台中，拥有大量粉丝的网红也是稀缺资源。这些网红都有自己的成功经验，外人很难照搬。绝大部分主播都是中小型主播，照样能够做得很好。还有很多电商选择从零开始做直播，自己培育主播，主要宣传自己店铺内的商品，偶尔也与其他店铺合作，替别人宣传商品。这样做的优势很明显，让店铺工作人员做主播，他们都是专业的产品介绍员，对店铺也很了解。所以充分利用好专业的店员，利用好店面和产品，完全可以把直播做好。

误区二：盲目投入大量资金

有些主播急于求成，希望在短时间内获得成功，于是照搬大主播的经验，投入很多资金去包装主播，或者投入宣发渠道。其实，现实情况没有这么简单，投入多可能让你更快成功，也有可能让你走向失败。对于一个初入直播行业的店铺来说，前期只需要投入两三个店员做直播，慢慢摸索。只要主播介绍用心，产品质量过关，价格适当降低，直播带货的效果就会很显著，而且这样的直播方式并不需要太大的投入。

误区三：没粉丝就不投资

这种做法和盲目投入资金刚好相反，迷信大主播的带货力量，不愿意在小主播身上投资。事实上，绝大部分主播都缺少粉丝基础，如果战略方向不对，就算开了直播也很难积攒粉丝。很多中小型主播，或许只有几百、几千个粉丝，但是他们依然能够取得不错的带货成绩。另外，通过直播做同城引流，把线上粉丝转化到线下消费，也是直播平台的一大特点。目前，很多美妆服饰店面操作效果非常明显，有些店面借助直播推广线下业绩能翻两三番。

误区四：自建平台，加大经营成本投入

随着直播行业的发展，很多商家决定搭建自己的直播平台，这样做有很多好处，例如可以自由实现直播间的功能设定，自主控制实现直播过程，会有更好的直播效果显现等。但是劣势也很明显，那就是对技术和成本的要求过高。企业自主开发视频直播平台会大大增加企业的难度，它需要商家建立软件开发部门，以便进行平台研发，而且成本太高。实际上，能够满足企业直播要求的平台有很多，在实力不足的情况下，不妨借助其他平台的力量进行直播。

第十章
其他直播平台分析

　　直播火起来之后，互联网上出现了无数个直播平台，根据平台的主打内容，我们可以将其分为综合类、游戏类、秀场类、商务类、教育类等。淘宝和天猫直播都属于商务类直播。如今，电商直播平台也已经出现了很多，我们熟知的几大电商平台，如淘宝、天猫、京东、拼多多、苏宁易购等，几乎都已经开通了自己的直播入口，此外还有抖音、快手、微信、小红书等，也在电商直播领域深耕已久，具有丰富的经验。

京东直播：四大优势为直播保驾护航

京东和淘宝同属国内顶尖的电商平台，在直播领域也都投入了大量资源。为了宣传自家的产品，京东CEO刘强东甚至在2016年双11亲自在京东App直播做菜，并邀请了费玉清、潘玮柏等明星助阵。

京东直播的四大优势

京东是一家优秀的电商平台，凭借自己的独特优势在国内站稳脚跟，这使得京东直播从成立之初就具备很多优势。

1. 品牌优势

作为一家运作成熟的电商平台，京东已经用强大的资源整合能力及卓越的物流配送能力，在消费者心中构建了优秀的品牌形象。京东平台的品牌优势也会延续到京东直播上，凭借专业的服务和强大的实力，京东直播容易给人留下良好的印象。

2. 价格优势

京东并非是一家热衷于价格战的平台，他们更注重提升用户的使用体验，例如建立仓储设施，提升物流速度等。对于主播而言，这能避免出现恶意竞争，使直播之路更加顺畅。

3. 自营优势

京东自营拥有全国性的自营平台及完善的自营系统，建立了一套特色鲜明的市场模式。相对于普通的店铺，京东自营店在流量、店铺排名等方面都有天然的优势。如果主播能够与自营店合作，无疑能够获得更多的曝光机会。

4. 内容优势

最近几年以来，内容营销成为京东店铺运营的热点，并且势如破竹，给很多商家的店铺注入了不少的新鲜流量。可以预见，京东直播将会在内容方面持续发力，建立优势地位。

王自如京东直播专场带货

2020年4月8日，王自如进入京东直播，举办了一场直播卖货，而带货的产品则是华为的新款手机HUAWEI P40系列。这场直播十分特殊，它是王自如的直播带货首秀，也是HUAWEI P40系列的国内直播首秀，因此吸引了很多人的关注。

在这次直播中，王自如带货的是华为的新款手机，官方提供其中较受欢迎的两款颜色，总计5 800台，供直播间用户优先抢购。官方给出的福利也是非常诱人的，包括送12个月只换不修服务，直播间独销京东金色和银色版本手机，价值数十万的礼品，以及优先发货等。

在国内评测圈，王自如是一位拥有较高流量的KOL。王自如从2010年开始做电子消费品的开箱、测评视频，逐步摸索出一套测评的流程和方法，受到了众多网友的欢迎和认可。于是，他在2012年创办了ZEALER公司，并且使其逐渐成长为一个成熟的评测机构。

此次活动也在一定程度上体现出了京东直播的特点。京东直播目前的定位是："汇聚当红主播和火热的品牌，呈现好玩的娱乐内容，搭配直播中边看边买的形式，让消费者在娱乐中愉快购买，还有众多固定栏目覆盖全品类，让消费者如追剧般跟随直播，让直播带来更多收益。"从这段话当中，我们可以看出，京东直播对内容的要求很高，他们把合作的重点放在品牌方及第三方直播机构上，而遍地开花式的个人直播则相对较弱。

拼多多直播：平民主播和商家的新机遇

各大平台纷纷加入直播，拼多多自然也不例外，虽然入局时间不长，但是发展前景依然不可小觑。许多人认为，拼多多直播带货的趋势，和许多电商的发展道路具有高度一致性，都是采取"农村包围城市"的战略，从小城市向大城市进军。

谋定而后动，注重"商品+内容"

有人将拼多多称为电商时代的最后一个杀手，因为它在淘宝和京东如日中天，并且对全国的电商市场形成了近乎垄断的局面时，只用了很短的时间就打开了局面，在激烈的市场竞争下站稳了脚跟。但是对于开展直播带货，拼多多的态度并不积极。

当淘宝直播已经呈现出火热的形势时，拼多多仍然迟迟没有开展直播业务。很多人对此感到不解，为什么拼多多还不做直播呢？毕竟拼多多原本就是一家极其擅长吸引流量的公司，从早先的砍价拼团，到现在的拼多多发红包，流量从来都是拼多多的生命，甚至有人调侃，拼多多是一家游戏公司。现在直播这么火热，拼多多完全没有不做直播的道理。

实际上，拼多多对于直播有自己的考虑。我们知道直播的一大特点是主播的号召力很强，头部主播的带货能力十分惊人，因此各大直播平台都喜欢找粉丝量大的主播。然而拼多多似乎并不热衷于寻找大主播，也没有透露出要扶持"直播一哥"的迹象，而是更注重中小型主播的培养，延续了以往"农村包围城市"的道路，也符合拼多多"便宜有好货"的特点。

拼多多给开店设定的门槛很低，对于主播也是一样，充分发挥了大众创业的精神。拼多多直播对所有用户开放，用户可在个人中心开启直播模式，直播间可以添加商品，开启打赏收益。这就意味着只要想做直播，就可以在拼多多实现，哪怕是没有任何经验的运动员，也可以在拼多多体验直播的乐趣。

马布里：知名球星化身电商主播

斯蒂芬·马布里是一位篮球明星，曾是美国职业篮球运动员，后来与中国结下了不解之缘，并长期生活在中国。2020年4月12日，马布里在拼多多开启了直播首秀，从此又多了一个新的身份——拼多多主播。

与常见的带货主播不同，马布里没有口若悬河地介绍产品。相比之下，他更像是传统直播平台的聊天主播，而不是带货主播。作为一名前职业运动员，他花了很多时间与观众交流，他从个人经历入手，讲述了自己多年的篮球生涯，以及自己眼中的科比、艾弗森等人，收获了观众们的好评。

对拼多多而言，这次直播就像一场演习，排演了一场"明星+内容+商品"的剧目。结果显示，马布里在一个半小时的直播中，总共吸引了超过2万名观众，卖出百余件商品。相对于淘宝的头部主播，这个数字不算优秀，但是对于马布里和拼多多来说，则是一次不可多得的经历。马布里收获了直播经验，而拼多多则实现了对自身的突破。当天，拼多多的体育运动商品订单较往常增长40%，打破了疫情以来单日销量最高纪录。

抖音直播：成功就是行百里者半九十

直播带货具有实时性、交互性强的特点，不需要花费太多的成本去运营，也可以取得很好的效果。因此，除了电商平台以外，还有很多短视频平台也对直播带货产生了浓厚的兴趣，其中就包括抖音。作为短视频App的领头羊，抖音是如何开展直播的呢？

坐拥流量，亟待变现的抖音

抖音是一款音乐创意短视频社交软件，由今日头条孵化，自从上线以来就受到了很高的关注度，用户数量也不断刷新记录。尽管抖音已经拥有巨大的用户群体，但是要提高流量的变现效率，还需要付出更多的努力。正如老话所说，"行百里者半九十"。

抖音起初是靠信息流广告获取利润的，开发出品牌定制广告、企业号营销等多种广告方式，这些方法让抖音赚取了大量利润。然而，随着产品逐步进入成熟期，信息流广告终将遇到天花板，抖音迫切需要开拓新的变现渠道，方能维持长期的增长，而直播带货就是一个很好的选择。

首先，直播和短视频在表现形式上比较接近，都是利用图像和声音进行信息传递，抖音在短视频领域拥有丰富的经验，要想跨行到直播领域，也是一件非常容易的事情。

其次，抖音一直对电商很感兴趣，希望从此打开一条变现的通道。从早期的"放心购""今日特卖"，再到独立的"值点"商城，抖音的尝试从未停止。到了2020年，抖音的全球日活跃用户已经达到数亿，流量变现已经是箭在弦上不得不发了。而直播带货正是推动电商业务发展的好方法。

于是，在众多资本纷纷涌入直播领域时，抖音也推出了自己的直播业务。

罗永浩助力抖音直播带货

当王自如在京东直播上滔滔不绝时，罗永浩也在积极准备自己的直播首秀。

罗永浩的一生充满了传奇色彩，他曾经在新东方学校任教，因此被网友称为"罗老师"。从新东方离职以后，罗老师先后创办过牛博网、老罗英语培训学校，并著有《我的奋斗》一书。紧接着，罗老师又创办了锤子科技，投身于手机制造业，并且积累了大量人气。

2020年3月，罗永浩在微博高调宣布自己要做直播的消息之后，立即引起了人们的热议：罗老师要给哪些产品带货呢？会不会给小米带货？罗老师这次转型会成功吗？

在所有的问题中，人们最关心的问题是：他会选择在哪个平台带货？答案最终揭晓：抖音。

抖音为罗老师的直播首秀投入了大量宣传资源，迅速将话题炒热，而罗老师的账号信息也俏皮地写着：交个朋友科技首席推荐官。在直播中，罗老师果然为小米手机代言了，让很多人惊呼意外，但也在情理之中，毕竟是正当合理的商业行为。

最终，本次直播收获了1.1亿的销售额，以及超过4 800万的累计观看人数，峰值在线人数达290万，还有前前后后不计其数的讨论。这对于罗老师和抖音而言，已经可以交上一份完美的答卷了。此次直播让罗老师的商业之路开启了新的篇章，也为抖音的商业化吹响了号角。在罗永浩的标杆效应下，近亿用户知道了抖音直播卖货的消息，供应链和品牌商们也争相涌入抖音。

快手直播：抓住草根阶层的心理需求

在短视频App中，抖音和快手都有着非常庞大的用户群体，渐渐成为"全领域短视频+直播"平台，在垂直领域覆盖面上具有高度相似性。但是，由于二者在用户群体的定位上不同，因此在带货方式上也有明显的不同。

接地气是快手直播的一大秘诀

快手直播的用户群体十分庞大，根据《2019快手直播生态报告》的数据，目前快手直播日活跃用户已经突破了1亿人，在所有的直播平台中，这都是一个不可小视的数字。

在直播的内容方面，快手也已经发展出了丰富的种类，除了电商以外，还包括游戏、体育、教育、媒体、政务、音乐、汽车等垂直领域的内容账号，扶持各领域的账号内容创作，可以说，快手直播的触手几乎已经遍布直播界的所有角落。

如此丰富的直播品类和用户组成，使得快手成为一个接地气的平台。快手深入草根阶层，赢取了广大用户的认可度，不仅获得了众多年轻人的喜爱，还拥有一大批活跃度很高的老年用户。有的时候，甚至会出现"60后"主播每日收获的赞数最多，"70后"主播每日评论数最多的现象，这在其他直播平台是很难想象的。

为了提升直播带货的效率，快手对主播进行扶持。在公域流量中，快手会通过一系列活动，为那些有潜力的主播进行推广引流，帮助他们在短时间内获得粉丝。在私域流量中，快手会帮助主播经营粉丝，提升粉丝的用户黏性，进一步提升变现能力。除此之外，快手还会在供应链方面帮助主播，例如在货物的源头建立直播基地，然后邀请主播前来带货，以便卖出更有性价比的货物。

快手主播的带货能力之强，已经成为业内人士的共识。快手用它独特的内容形式和社群氛围，为直播带货奠定了良好的基础，很多快手主播根本不需要卖力吆喝，在与粉丝聊天的过程中，就轻轻松松把货卖完了。

辛巴：先做朋友，再带货

说起淘宝直播，很多人会想到李佳琦和薇娅，而说到快手，很多人会想到辛巴、散打哥等。作为快手直播的当家主播之一，辛巴对直播带货有自己的理解，他很注重自己的形象，在积累了大量的粉丝之后，他并没有急着带货，而是通过与粉丝之间紧密互动，树立起了"农民的儿子""淳朴商人""年轻有为"等形象，将自身打造成正能量的励志青年。

在直播的过程中，辛巴不会极力向用户推荐某种产品，也很少催促"买买买""马上下单"，而是会表现得更加真诚，他会告诉粉丝："需要你就买，不需要你就不买。"还会在直播间分享自己怼黑粉、痛哭的往事，通过这样的方式，与粉丝建立了深厚的情感纽带。

在2019年"双11"大战中，辛巴凭借4亿销售额成功拿下快手主播销售第一的位置，与李佳琦、薇娅等人一起成为直播带货的代表人物，而各大主播的带货比拼，也成为全民关注的话题。

可以看出，辛巴和李佳琦的带货模式有着明显的不同。辛巴是通过情感营销为自己建立了粉丝群体，因此辛巴在直播时表现得十分友好，像个老朋友一样，鼓励理性消费。而李佳琦是通过在美妆领域长期坚持，建立了专业影响力，更倾向于引导观众进行冲动消费。值得一提的是，二人并没有高下之分，只是针对不同的消费群体做出的营销策略。

蘑菇街直播：时尚达人帮助挑选好物

蘑菇街是一款一站式消费平台，用"时尚"的理念收获了一批使用者，其主要用户群体为女性。蘑菇街在成立之初，主打电商导购，而后又自建电商。直播的火热，让蘑菇街也不甘落后，开启了电商直播带货，并且取得了不错的成绩。

蘑菇街直播平台特点

从某些角度来说，蘑菇街直播和淘宝直播具有很高的相似度，二者都是"红人+直播+电商"的模式。不同之处是，蘑菇街的用户更精准，主要是对时尚购物和穿搭有兴趣的女性，而淘宝的受众面更广。和淘宝直播团队相比，蘑菇街的直播团队更像是一支直营团队。由于机构和主播的体量都不算大，因此平台对每家机构和主播的情况都了如指掌，既能够根据平台的需要来制定规则，也可以及时给新人主播提供更便利的机会，这就是小平台的优势。

然而蘑菇街的劣势也很明显，用户精准也会带来市场小、消费能力有限的难题，对于主播而言，这是个劣势，因为它会限制主播在未来的发展。

蘑菇街直播每个月都会举行主播打榜活动，主要集中在服装和美妆两个领域内。与淘宝直播不同的是，蘑菇街的各个主播的资源分布相对比较均匀，头部主播和腰部主播的差距不是很大，这说明主播的成长通道比较畅通，新人主播有更多的机会获得成长。只要坚持得时间长，都有机会成为大主播。

蘑菇街直播很早就开始做电商直播了，这一点走在了很多直播平台的前面，因此积累了很多经验。为了拓宽用户群体，蘑菇街还与微信合作，在微信端设置了直播小程序，使得微信用户能够更方便地进入直播间。

小甜心：做直播就是累并快乐着

小甜心是蘑菇街的一位主播，曾长期占据销售榜第一名的位置，成为蘑菇街主播的代表人物之一。然而作为一名千万级主播，小甜心却有自己的烦恼。私下里见过她的人都说，她喜欢穿着休闲、朴素的衣服，经常显出一副疲惫的样子，和屏幕前光鲜亮丽、充满激情的形象相差甚远。

2012年，小甜心和朋友一起创业，开设了一家女装店铺，并且在蘑菇街上运营网店。在一个偶然的机会下，他们得知了蘑菇街上线直播的消息，为了提升销量，他们抱着试一试的心态，开始在蘑菇街上直播。

原本以为直播是件很简单的事，然而等到真的去做，才知道背后有那么多的艰辛。小甜心每天除了直播就是跑货，直到凌晨才能睡觉，身心俱疲，却长时间没有效果，为此她多次抱怨辛苦，甚至有过放弃的念头。在经营模式上，小甜心和伙伴们给店铺的定位是低价跑量，每件商品的单价控制在30～80元之间，初期每天只有几十单。好在经过长期的坚持，小甜心的带货销售数额逐步上升，最终成功登顶蘑菇街直播。

附录A
直播营销的相关准则和政策法规

关于淘宝直播选品的重要提醒

亲爱的商家/主播：

消费者的信任是淘宝直播最珍贵的财产，也是主播们能否获得更好发展的基础。为了避免在直播中无意涉假等问题，破坏粉丝们对淘宝直播和主播的信任，引发消费者涉假投诉和平台处罚，造成粉丝流失，淘宝直播平台提醒您——

在直播前对直播间所推荐的商品一定要进行鉴别，并保证向粉丝描述的信息与实际相符！

建议考虑包括但不限于以下因素：

1. 推荐商品是否为正规品牌商品（例如根据是否为正规来源商品，商家有无正规进货凭证或授权等因素综合确定）？

2. 店铺商品数量与实际货品备货量是否相符？

3. 样品品质是否有明显瑕疵，或商品的价格是否明显低于市场同款商品价格？

4. 是否有实地了解商家货品来源，且商家是否有足够的货品？

5. 店铺商品在页面是否有清楚的描述？

对于售假等各类违规的商品和卖家，平台一经发现即按照现有规则进行

处罚。对于涉假等各类违规的主播也将按照《淘宝直播平台管理规则》进行
处罚。

　　"双11"期间治理依旧在进行，请广大主播务必做好选品、鉴品工作，感
谢配合。

（来源：淘宝直播白皮书）

关于直播滥发信息和违背承诺行为治理的公告

亲爱的商家/主播：

　　维护诚实守信的直播秩序、保护消费者合法权益是淘宝直播一贯主张和坚持的基本原则。近期，我们发现少量商家/主播在开展直播过程中，存在一些滥发信息、违背承诺的情形，导致消费者权益受损，也伤害了广大粉丝对淘宝直播平台的信任。我们在此提醒广大商家/主播，在直播过程中务必严格遵守《淘宝直播平台管理规则》（https://rule.taobao.com/detail-8287.htm）的规定，规范直播过程中的言行举止，本着向粉丝、消费者负责任的态度介绍和推荐商品。

　　为此，我们针对上述规则中易发生的违规情形，特别说明如下：

一、违规场景定义和处罚

　　滥发信息：商家/主播在直播过程中发布的推广内容，须与所推荐的实际信息（包括但不限于商品参数、商品描述、商品属性）保持一致，不得进行不实、虚假、夸大宣传，误导消费者。

　　说明：如出现买家接受的服务、商品与商家商品信息保持一致，但与主播在直播过程中描述不相符等情形，主播构成妨害买家权益的行为。平台将按照《淘宝直播平台管理规则》执行相关处罚：扣10分/次，并根据情节轻重，采取警告并下线直播、删除直播内容、冻结直播权限30天等措施。

违背承诺：包括但不限于：1.承诺互动活动有赠品等奖励、但并未兑现的行为；2.承诺参与平台活动、未经许可擅自退出。

说明：如主播未按约定向平台履约或向会员提供承诺的服务，将构成妨害他人权益的行为。平台将按照《淘宝直播平台管理规则》执行相关处罚：扣10分/次，并根据情节轻重，采取警告并下线直播、冻结直播权限30天等措施。

二、常见违规行为例举

直播间向消费者承诺的赠品、优惠券、减免金额、活动力度与实际履行情况不符。

夸大优惠力度，例如限量1000件，其实并不优惠，今天最便宜，其实明天更优惠。

对于保健、美容等商品，夸大功效以及虚假宣传，如新着色机理永不退色等。

对于珠宝、饰品类商品，对材质、种类、品相等不实宣传，诱导用户购买。

未按约定时间开奖，开奖结果不公开透明。

其他滥发信息、违背承诺等违规行为。

对于滥发信息、违背承诺等违规行为，平台将严格按照《淘宝平台争议处理规则》《淘宝直播平台管理规则》等进行处理。如违背以上规则或《淘宝直播平台管理规则》中的其他规定，给消费者、平台造成损失的，商家/主播还应按照法律规定及相关协议约定承担相应的责任。

淘宝直播平台一如既往是大家的伙伴，诚实守信的经营环境靠大家维护，祝各位"双11"大卖。

特此公告

（来源：淘宝直播白皮书）

关于直播推广的用语提醒

以下意见仅为参考意见，最终以卖家/用户自己判断为准。请卖家遵守国家相关法律法规，并自行承担相应法律责任。

一、确保履行承诺

"言必行，行必果。"所有通过文案、直播标题或贴片文案，以及直播间口述等方式描述的优惠、让利、价格承诺、服务承诺、赠品等，务必保证"真实、准确、有效"，承诺的内容务必保证执行到位，不得欺骗、夸大、误导、诱骗用户，请切记，对用户负责，就是对自己负责。

二、禁止虚假宣传：所有营销宣传利益点要与实际相符

举几个与虚假宣传相关的常见例子：

（1）"直降千元"——需确保至少存在一款商品，销售价格与前七天最低成交价之间的差价在1 000元以上。也就是"直降"是与本商品的活动前七天最低成交价做对比。

（2）"仅限今日""今日特惠""明天涨价""仅此一天""错过等一年""最后一波"等误导性表述不允许使用——监管认为类似用词容易误导消

费者冲动消费，实际上往往也缺乏相应的依据，虚假可能性极高。

建议：使用"再来一波"，大促期间若需要使用"最后××小时""最后1天"等能够确切量化的词语，需要在文案周围注明指向活动及活动周期。

（3）涉及"数据"相关宣传需保证数据真实性、表达准确性并进行数据说明。

建议：数据应为真实数据；文案需准确说明数据内容及获取方式；数据统计需要说明统计起止时间点、统计维度（如以上数据来自××产品，统计时间从×年×月×日至×年×月×日×时，统计内容为……）。

（4）你是抽奖的，就不能说买就送。

（5）你是买正装送小样，就不能说自己"买一送一"。

（6）优惠券形式的促销，必须要明确优惠的形式，比如要说明是领券享"199减40"，券有使用上限的也不能写"上不封顶"。

三、绝对化用语不允许使用

请参照以下负面清单，清单无法穷尽，请举一反三：

国家级、全球级：世界领先、全球著名

最××（如最低价、最好）

第一（第1、No.1、Top1、冠军、××之王、××之皇、××之冠、金牌）

巅峰、顶级、顶尖、顶峰、顶端

极品、极端

绝无仅有、空前绝后、绝对

独一无二、无与伦比、史无前例

首选、全国首家

抄底、唯一：淘宝抄底、淘宝唯一

永远、永久

万能、全能、完美

底价

都

建议：绝对化用语在绝大多数情况下均无法使用，只有极少数场景下可用，请尽可能回避。

四、禁止价格欺诈

（1）"原价"不允许使用。

法定"原价"是指商品促销前7天最低成交价，若划线价并非前7天最低成交价的，则不能称之为原价。

（2）慎用"折扣"、谨慎进行价格比较。

任何"×折"都要有一个对比的基础价格，这里的基础价格法律上基本认定的标准是要么明确对比价格的出处（这个对比价格必须是真实成交且可证明的），否则以同款商品在当次促销活动前7天在同一渠道销售的最低成交价来衡量具体折扣场景：

"全店××折"——需要保证全店商品经校验均为××折。

"全店××折起""不止××折"——监管往往从有利消费者角度解释，会认定折扣力度大于××折。（如全店5折起，会认定店铺内商品为1／2／3／4／5折的商品）

（3）"底价"不允许使用。

底价与最低价同义。

建议：使用"低价"。

五、抽奖式有奖销售最高奖不超过50 000元

涉及抽奖产生中奖人的（如买××抽××，消费最高的用户送车/获得车辆使用权/送出国游等也属于抽奖）、秒杀等活动的，需评估利益点宣传及活动中的商品市场价值是否超过50 000元，商品价值（奖品为使用权的按商品本身的价值计算，如汽车一年的使用权，是按照汽车本身的市场销售价）超过50 000元会被认定为不正当竞争。

六、禁止通过比较、对比方式对竞争对手进行贬低

如果营销上涉及与第三方进行比较的部分：（1）必须真实、客观、无贬低和诋毁的内容；（2）如涉及数据，必须有明确出处、依据（包括统计/截止时间）；（3）禁止恶性的比较竞争。

七、禁止格式霸王条款

不得出现"最终解释权归×××所有"之类的字眼。

八、公序良俗需谨慎

有违公序良俗就是所谓与社会主义核心价值观相悖，不积极、不健康、不向上向善、不风清气正的内容，这部分基于普通人的判断即可。

九、其他特殊宣传点

（1）酒类商品特殊要求。

不允许宣传鼓动、倡导、引诱饮酒或者宣传无节制饮酒，"贪杯无罪"等

不能用。

（2）治疗功能不允许擅自宣传。

治疗功能就是跟"治病"相关的功能，如果没有获得药准字，则不得进行类似宣传；如果已获得药准字，则需严格在批准文书阐述的功效范围内进行宣传。

常见如五脏六腑、五官、脑、降三高、内分泌、减肥、养颜、丰胸、祛疤、增高、败毒、改善贫血、缓解疲劳、延年益寿、抗敏、消炎、预防感冒、保胎等。

（3）保健功能不允许擅自宣传。

增强免疫力、辅助降血脂、辅助降血糖、抗氧化、辅助改善记忆、缓解视疲劳、促进排铅、清咽、辅助降血压、改善睡眠、促进泌乳、缓解体力疲劳、提高缺氧耐受力、对辐射危害有辅助保护功能、减肥、改善生长发育、增加骨密度、改善营养性贫血、对化学性肝损伤的辅助保护作用、祛痤疮、祛黄褐斑、改善皮肤水分、改善皮肤油分、调节肠道菌群、促进消化、通便、对胃黏膜损伤有辅助保护功能——属于保健功能，如果没有获得健字号，普通食品不得使用进行宣传，如果已获得健字号，则需严格在批准文书阐述的功效范围内进行宣传。

（4）化妆品特殊用途不允许擅自宣传。

美白、育发、染发、烫发、脱毛、美乳、健美、除臭、祛斑、防晒属于化妆品特殊用途，如果没有获得特殊用途化妆品批准，则不得使用；如果已获得特妆准字，则需严格在批准文书阐述的功效范围内进行宣传。

（5）"跨境"谨慎使用、"免税"禁止使用。"跨境"需保证所有活动商品都是通过海外直邮或保税集货等正规跨境模式进行销售的商品，不允许出现"货物已在国内"的情况。商家为消费者承担了应缴税收并非是根据税收政策计算免征额在50元以下的真正意义上的免税，因此不能使用"免税"这一法定概念。

十、肖像使用

需确保已获得肖像权人的授权（特别是明星肖像），否则面临侵权风险。并且在肖像权人的授权范围（使用时间、使用网站、使用地域等）内使用。

（来源：淘宝直播白皮书）

阿里创作平台限制推广商品说明

为了规范阿里创作平台的内容环境，促进内容市场的健康发展，维护运营秩序，发布在淘宝平台应属以下类目的商品，未经平台许可，内容创作者不得通过阿里创作平台进行推广，包括但不限于文字、图片、视音频、表演（直播）。

表A—1　淘宝直播平台推广商品限制

一级类目	淘宝网	天猫	闲鱼
成人用品/情趣用品			
天猫点券			
机票/小交通/增值服务			
数字娱乐			
腾讯QQ专区			
网游装备/游戏币/账号/代练	不允许	不允许	不允许
手机号码/套餐/增值业务			
网络游戏点卡			
移动/联通/电信充值中心			
网店/网络服务/软件			
服务商品			

（续表）

一级类目	淘宝网	天猫	闲鱼
电影/演出/体育赛事	不允许	不允许	不允许
理财			
网络店铺代金/优惠券			
家庭保健			
隐形眼镜/护理液			
处方药			
消费卡			
保健食品/膳食营养补充食品			
OTC药品/医疗器械/计生用品		除以下类目外，都不允许：二级类目"保健用品"下的三级类目："艾灸/艾条/艾柱/温灸器""面部健康""按摩器材""足部健康""口腔健康""药箱""运动健康""刮痧板""智能手环""皮肤消毒护理""呼吸健康/保健型制氧机"	
书籍/杂志/报纸		允许	
医疗及健康服务		不允许	
保险			
理财			
其他			

（续表）

二级类目	淘宝网	天猫	闲鱼
服务市场>>服务市场其他			
服务市场>>流量推广			
服务市场>>促销管理			
服务市场>>商品管理			
服务市场>>大数据应用			
服务市场>>客户关系管理			
自用闲置转让>>宠物/用品			
自用闲置转让>>专业回收			
自用闲置转让>>房屋租赁			
自用闲置转让>>技能服务			
自用闲置转让>>话题/帖子			
自用闲置转让>>保健护理	不允许	不允许	不允许
自用闲置转让>>摩托车/用品			
自用闲置转让>>生活服务/票务/卡券			
自用闲置转让>>农用物资			
自用闲置转让>>汽车/用品			
自用闲置转让>>其他闲置			
自用闲置转让>>演艺/表演类门票			
自用闲置转让>>乐园/电影票等（非演艺类）			
自用闲置转让>>游戏			
自用闲置转让>>家装/建材			
自用闲置转让>>电子零件			

（续表）

二级类目	淘宝网	天猫	闲鱼
自用闲置转让>>图书			
自用闲置转让>>音像			
自用闲置转让>>二手汽车			
自用闲置转让>>汽摩/电动车/自行车			
自用闲置转让>>电动车/用品			
自用闲置转让>>长租房源			
自用闲置转让>>艺术品/收藏品/古董古玩			
自用闲置转让>>古董收藏			
自用闲置转让>>食品/保健品			
众筹>>书籍			
众筹>>食品	不允许	不允许	不允许
众筹>>生鲜			
ZIPPO/瑞士军刀/眼镜>>滴眼液、护眼用品			
ZIPPO/瑞士军刀/眼镜>>烟具			
ZIPPO/瑞士军刀/眼镜>>替烟产品			
农业生产资料（农村淘宝专用）>>农药			
农业生产资料（农村淘宝专用）>>兽药			
农用物资>>农药			
农机/农具/农膜>>农业工具			
个性定制/设计服务/DIY>>其他定制			
古董/邮币/字画/收藏>>宗教用品			

（续表）

二级类目	淘宝网	天猫	闲鱼
阿里健康送药服务>>健康医药			
到家业务>>健康医药			
商业/办公家具>>复健家具			
畜牧/养殖物资>>兽药			
住宅家具>>情趣家具			
特色手工艺>>宗教工艺品			
酒类>>保健食品酒	不允许	不允许	不允许
古董/邮币/字画/收藏>>烟具/酒具			
本地化生活服务>>KTV			
本地化生活服务>>服务卡			
本地化生活服务>>口碑卡券			
教育培训>>中小幼培训			
盒马>>烟			
天猫零售O2O>>烟草食盐专卖			

三级类目	淘宝网	天猫	闲鱼
户外/登山/野营/旅行用品>>刀具/多用工具>>其他户外刀具			
户外/登山/野营/旅行用品>>刀具/多用工具>>多功能组合工具	不允许	不允许	不允许
户外/登山/野营/旅行用品>>刀具/多用工具>>军刀卡/万能刀卡			
户外/登山/野营/旅行用品>>刀具/多用工具>>工兵铲/工兵锹			

（续表）

三级类目	淘宝网	天猫	闲鱼
户外/登山/野营/旅行用品>>刀具/多用工具>>工兵斧/营地斧			
鲜花速递/花卉仿真/绿植园艺>>园艺用品>>园艺/刀/剪/锯（新）			
鲜花速递/花卉仿真/绿植园艺>>园艺用品>>铲/耙/锹/锄（新）			
鲜花速递/花卉仿真/绿植园艺>>园艺用品>>花卉药剂			
商务/设计服务>>设计服务>>诗词定制			
公益>>义卖>>虚拟物品			
居家布艺>>缝纫DIY材料、工具及成品>>剪刀			
厨房/烹饪用具>>烹饪用具>>刀具	不允许	不允许	不允许
度假线路/签证送关/旅游服务>>旅游服务>>代客烧香/还愿			
住宅家具>>柜类>>佛柜/佛龛			
孕妇装/孕产妇用品/营养>>孕产妇营养品>>孕产妇保健食品			
奶粉/辅食/营养品/零食>>婴幼儿营养品>>婴幼儿保健食品			
盒马>>保健计生>>计生情趣			
个性定制/设计服务/DIY>>设计服务>>诗词定制			
本地化生活服务>>美容美发/美体美甲>>美容/SPA/纤体			
本地化生活服务>>休闲娱乐>>足浴/洗浴/按摩			

（续表）

三级类目	淘宝网	天猫	闲鱼
本地化生活服务>>休闲娱乐>>室内休闲玩乐			
本地化生活服务>>休闲娱乐>>酒吧/俱乐部/私人会所			
本地化生活服务>>便民服务>>理财咨询			
本地化生活服务>>便民服务>>殡葬服务			
本地化生活服务>>3C数码服务>>联保/延保			
本地化生活服务>>3C数码服务>>意外保			
本地化生活服务>>3C数码服务>>屏碎保			
本地化生活服务>>文字类服务>>写作/文字需求服务			
本地化生活服务>>特色服务>>上门美容按摩服务	不允许	不允许	不允许
本地化生活服务>>在线清洗/洗衣券>>洗衣券/家政服务卡			
本地化生活服务>>特色上门服务>>推拿按摩			
教育培训>>生活兴趣培训>>健康养生			
教育培训>>生活兴趣培训>>神秘学			
教育培训>>教学服务>>文章写作			
教育培训>>知识达人>>中小幼培训			
自用闲置转让>>母婴/儿童用品/玩具>>奶粉/宝宝营养			
自用闲置转让>>数码3C产品>>移动硬盘			
自用闲置转让>>数码3C产品>>U盘			

（续表）

三级类目	淘宝网	天猫	闲鱼
自用闲置转让>>数码3C产品>>游戏软件			
自用闲置转让>>数码3C产品>>其他数码			
自用闲置转让>>书刊音像/文体用品>>期刊			
自用闲置转让>>书刊音像/文体用品>>其他文体用品			
自用闲置转让>>书刊音像/文体用品>>CD/DVD			
自用闲置转让>>母婴/儿童用品/玩具>>孕产妇用品/营养			
自用闲置转让>>闲鱼清仓>>转卖			
自用闲置转让>>宠物/宠物用品>>其他宠物相关	不允许	不允许	不允许
自用闲置转让>>宠物/宠物用品>>宠物食品			
自用闲置转让>>闲鱼优品>>图书			
收纳整理>>家庭收纳用具>>电子烟收纳盒/套			
出境购>>ZIPPO/瑞士军刀/眼镜>>替烟产品			
出境购>>ZIPPO/瑞士军刀/眼镜>>烟具			
淘小铺>>ZIPPO/瑞士军刀/眼镜>>替烟产品			
淘小铺>>ZIPPO/瑞士军刀/眼镜>>烟具			
口碑/饿了么本地生活>>居家日用>>烟具			

（续表）

四级 类目	淘宝网	天猫	闲鱼
自用闲置转让>>闲鱼清仓>>食品>>粮油副食	不允许	不允许	不允许
特色手工艺>>地区民间特色手工艺>>刀剑相关>>刀剑			
汽车用品/电子/清洗/改装>>汽车电子/导航/影音/电器>>车用电子/电器>>车载电子烟/配件			
淘小铺>>汽车用品/电子/清洗/改装>>汽车电子/导航/影音/电器>>车载电子烟/配件			